Crónica de la España que dialoga

José Luis
Rodríguez Zapatero

Crónica de la España que dialoga

Conversaciones con **Màrius Carol**

Navona

Primera edición
Abril de 2024

Publicado en Barcelona por Editorial Navona SLU
Navona Editorial es una marca registrada de Suma Llibres SL
Gomis 47, 08023 Barcelona
navonaed.com

Dirección editorial Ernest Folch
Edición Estefanía Martín
Diseño gráfico Alex Velasco y Gerard Joan
Maquetación y corrección Editec Ediciones
Papel tripa Oria Ivory
Tipografías Heldane y Studio Feixen Sans
Fotografía de cubierta e interior Asís G. Ayerbe
Distribución en España UDL Libros

ISBN 978-84-19552-56-3
Depósito legal B 2042-2024
Impresión Liberdúplex
Impreso en España

Índice

Nota del editor

Este libro recoge el contenido de diversas entrevistas mantenidas por José Luis Rodríguez Zapatero con Màrius Carol durante los meses de septiembre de 2023 a febrero de 2024. Fueron conversaciones abiertas, sin un guion preconcebido, aunque todas responden a un mismo hilo conductor: la relevancia que atribuye Zapatero a los procesos de diálogo en la resolución de los conflictos políticos, a partir de su conocimiento o directa participación en los mismos, tanto en el ámbito nacional como internacional.

El lector debe saber que las reflexiones, comentarios y valoraciones del expresidente surgieron a partir de las preguntas del periodista, y que aparecen entrelazadas con cuestiones o vivencias concretas sobre las que aquel fue también interpelado. El editor ha decidido omitir esas preguntas en aras a una mayor fluidez del texto.

Página siguiente:

José Luis Rodríguez Zapatero y Màrius Carol en una de las conversaciones que dieron pie a este libro.

Prólogo. El borgiano que llegó a la Moncloa

Los políticos, por lo general, envejecen mal. El tiempo les quita esa aura dorada que les confiere el poder. Como al ciclista, el maillot amarillo los hace invulnerables, pero cuando dejan de vestirlo acaban por convertirse en un recuerdo que se va difuminando con el paso de los años. Sin embargo, muy de vez en cuando, un político recupera su consideración social y resurge de entre la bruma, porque el tiempo lo rescata para darle la razón. «Solo perduran en el tiempo las cosas que no fueron del tiempo», escribió Jorge Luis Borges en La rosa profunda. *José Luis Rodríguez Zapatero es un caso singular: salió de la política sin hacer ruido, después de que la crisis económica arrasara las cancillerías europeas, y doce años más tarde regresó para echar una mano a Pedro Sánchez, en un momento electoral delicado para los socialistas. Y el mundo supo reconocerle en este punto que, gracias a su empeño, el terrorismo fue derrotado y que España amplió su catálogo de derechos. Mirar por el retrovisor no solo advierte de los peligros, sino que también permite percibir los aciertos.*

No es casual la cita de Borges, porque Zapatero empezó a leerlo desaforadamente en la década de los setenta. Como en tantas cosas de la vida, el azar jugó un papel decisivo. Un familiar le recomendó El Aleph, *que le permitió enten-*

der que la realidad está llena de grietas que nos pueden llevar a mundos secretos y ocultos, que a menudo la lógica es más compleja de lo que parece y que solo podemos descifrarla desde la complicidad con lo irreal. Era poco más que un adolescente cuando se sintió imantado por los cuentos de El Aleph. *Borges lo atrapó y en los años siguientes leyó toda su obra, hasta el punto de que se atrevió a escribir un ensayo sobre el escritor argentino hace apenas unos meses, que tituló* No voy a traicionar a Borges, *donde muestra su admiración por el personaje en cada capítulo. Ha llegado a declarar que le fascina, como al escritor, abordar cuestiones como la infinitud del tiempo, el imprevisible azar, los laberintos de la vida, las paradojas del poder. Zapatero asegura que Borges es un escritor para releer, solo así es posible sumergirse en el mundo borgiano: «Quizá la auténtica lectura sea la relectura, ojalá en otros aspectos de la vida fuéramos capaces de darle una vuelta más, de intentar entender aquello que por su complejidad no somos capaces de comprender en un primer momento». Zapatero es borgiano, su vida resulta como un cuento de Borges.*

Jorge Luis Borges manifestó en 1966, en una de sus clases en la universidad de Buenos Aires, que la obra más importante de un escritor es la imagen que deja de sí mismo, más allá de las páginas escritas por él. Algo así podríamos decir de Zapatero, a quien el paso del tiempo le ha dado la razón en cuestiones que en su día generaron polémica, pero que se han consolidado como derechos troncales de la sociedad. Pienso en los matrimonios entre personas del mismo sexo, las medidas de protección integral contra la violencia de género, el llamado «divorcio exprés», la regularización de los inmigrantes, el rescate de la memoria histórica, la protección de las personas en situación de dependencia... Fue y es un progresista en estado puro, pero también un optimista convencido, alguien que se siente afortunado de pertenecer al lado bueno de la historia y ello le lleva a colaborar para resolver los conflictos que se suceden atropelladamente en el mundo. Él fue quien sentó las bases para acabar con ETA, dialogando con la cúpula de la organización mediante relatores internacionales, pero sin hacer concesiones. Su figura está muy presente en los contenciosos de Latinoamérica, continente del que es un experto, pero sobre todo un interlocutor útil. En su día fue acusado de colaborar con Maduro, pero al final la comunidad internacional ha acabado por alinearse en buena medida con su estrategia, ante el fracaso de una oposición poco responsable. En España, Zapatero ha sido el cómplice imprescindible para que Pedro Sánchez resistiera el embate de la derecha en las elecciones generales de 2023 y el hombre que ha contribuido a introducir el relato de la amnistía para cerrar las heridas del 1-O en Catalunya.

El expresidente español ha declarado en alguna entrevista que «en la literatura, Borges es Dios», lo que parece darle la vuelta a la sentencia del escritor de Ficciones, *de que el paraíso debe ser una especie de biblioteca llena de libros. Está dentro de la lógica borgiana la manera que tiene de abordar los conflictos de nuestro tiempo, pues fue el escritor bonaerense quien dejó escrito: «Yo no hablo de venganzas ni perdones, el olvido es la única venganza y el* único perdón». Sin duda, resulta un modo de dar una salida positiva a los pensamientos negativos y una impresionante manera de racionalizar los contenciosos. El olvido entendido no como una manera de borrar la memoria, sino como acto de generosidad para que la ira o el remordimiento no nos impidan actuar ante los conflictos de forma reflexiva y empática. Y siempre con la estrategia del diálogo como la herramienta que permite avanzar en las soluciones a todos los enfrentamientos entre personas o entre naciones.

«El diálogo es un fin en sí mismo, no un mero instrumento para alcanzarlo», le he oído decir varias veces a Zapatero mientras preparábamos este libro.

El expresidente no pudo conocer a Borges, pues la diferencia de edad —sesenta y un años se llevaban— lo imposibilitó, pero en 2001, tres años antes de llegar a la Moncloa, el diario El Mundo le dio la oportunidad de prologar una edición de Ficciones, donde escribió que «Borges descubre en su obra, o quizás inventa, otra dimensión de lo real». Además, la publicación de este libro le permitió conocer a María Kodama, escritora y traductora argentina que se casó por poderes con el autor de El Aleph al final de su vida, pero que antes había sido su compañera de estudios —nunca aceptó que se la llamara secretaria—, su pareja y su colaboradora durante más de una década. En su despacho de presidente del Gobierno, a Zapatero siempre le acompañó una foto de Borges junto a Bioy Casares ante una biblioteca. Cuando dejó el cargo en 2011, renovó la lealtad borgiana, que el poder había bloqueado, y releyó toda su obra, declarando poco después que «a Borges le importaban más *los hombres que el gobierno de los hombres», lo que seguramente es algo en lo que se parecen ambos personajes, a pesar de su distancia ideológica y de los tiempos tan distintos que les ha tocado vivir. Se diría que la obra del autor argentino es como un manual de instrucciones, no solo para entender la complejidad de este mundo, sino de otros mundos posibles.*

MÀRIUS CAROL

LA MEMORIA

El testamento del capitán Lozano

Escribe el hispanista británico Paul Preston que el movimiento de la memoria histórica, que empezó a gestarse en el siglo XXI *en España, causó incomodidad no solo a los perpetradores de atrocidades o a sus familiares, sino también a quienes sentían nostalgia de Franco y aun entre sectores que se acabaron beneficiando de la dictadura. Por todo ello, que en un país donde no existía ningún censo nacional de los muertos de la Guerra Civil, ni siquiera financiación para las pruebas de ADN a fin de poder recuperar los restos de miles de fusilados en las cunetas, un presidente del Gobierno se empeñara en declarar el 2006 Año de la Memoria Histórica, que permitió meses después aprobar una ley de derechos de la memoria, resulta un hecho muy relevante. Un texto que resaltaba el reconocimiento de los vencidos en la Guerra Civil, cuya historia no podía caer en el olvido o en el silenciamiento y que resultaba un inexcusable deber moral de la vida política. Hubo a quien la propuesta le pareció una manera de remover las heridas del pasado que la Transición parecía haber cauterizado. Como si tuviera alguna lógica que unos pocos años antes un gobierno del PP decidiera contribuir económicamente al mantenimiento de las tumbas de los voluntarios falangistas de la División Azul, que lucharon junto con los alemanes en el frente oriental durante la Segunda Guerra Mundial.*

Al cumplirse setenta años del inicio de la guerra que desmembró España, José Luis Rodríguez Zapatero sintió la necesidad de rescatar una parte de la historia hurtada de España. La democracia estaba suficientemente asentada como para poder soportar un debate sobre el pasado del país. Coincidió con el cambio de milenio el hecho de que un joven sociólogo navarro, Emilio Silva, que pretendía investigar el destino de su abuelo desaparecido en León en las primeras semanas de la Guerra Civil, plantara la semilla de esa voluntad colectiva de recuperar la memoria histórica. También el presidente Zapatero tuvo un abuelo fusilado, igualmente en León, que era un oficial republicano. Se trataba de un militar de vocación, que marcó su vida, aunque la familia pudo recuperar los restos del capitán Lozano, que así se llamaba, y enterrarlo en el cementerio civil de su ciudad natal. Por cierto, en León se conserva aún hoy una vía pública con el nombre del general Lafuente, que fue quien lo delató por socialista y republicano, a pesar de que el mantenimiento de su presencia en el callejero pueda incumplir la Ley de la Memoria Histórica, aprobada hace dieciocho años.

Zapatero siempre ha considerado que la historia de su abuelo le marcó definitivamente como persona. Su relato le impactó siendo un muchacho y fue su padre quien de muy niño le habló del capitán Lozano como ejemplo de un ser humano que fue fiel a sus ideales y que murió por ellos. En su casa figuraba enmarcado el testamento que de puño y letra escribió su abuelo, la noche antes de ser ejecutado tras un juicio sumarísimo en el que negó ser un traidor a la patria por su fidelidad a la República y que se definió como un hombre que intentó luchar para mejorar las condiciones de vida de los más desfavorecidos. No es casualidad que el discurso de su primera investidura concluyera con una frase del escrito de su abuelo, sin decir que era suya: «Mi ideario es breve: un ansia infinita de paz, el amor al bien y el mejoramiento social de los humildes». Siempre ha pensado que aquel hombre al que tanto admiró sin haberlo podido conocer le marcó el camino.

El poeta inglés George Herbert escribió que una buena madre vale por cien maestros. En el caso de Zapatero, sin menospreciar a sus progenitores, resulta evidente que fue el abuelo quien influyó decisivamente en su credo y en su vocación política. E incluso estudió Derecho, igual que el capitán Lozano, que quiso defenderse a sí mismo cuando lo juzgó el tribunal franquista, que sabía que lo había condenado de antemano. Pero quiso que se escuchara su palabra, que sus ideales resonaran en la sala y que quienes habían sido sus compañeros sintieran íntimamente que iban a llevar al patíbulo a un hombre bueno, que solo había cometido el crimen de estar a favor de un gobierno legítimo y al lado de las gentes que no tenían nada más allá de su dignidad.

M. C.

Somos nuestra biografía

No tengo ninguna duda de que todos somos el resultado de nuestra biografía. Las personas estamos hechas de los momentos que hemos vivido, de los lugares que hemos visitado, de las personas a las que hemos conocido. Y, sobre todo, somos parte de historias, grandes o pequeñas, que contribuyen decisivamente a conformar nuestra conciencia, nuestras emociones y nuestra ideología. Nada surge de forma espontánea, todo tiene una explicación, aunque no siempre seamos capaces de descubrirla. Cuando tengo una interlocución, un encuentro o una relación con un líder político intento acercarme a su historia personal. No a través de Wikipedia o de un libro de homenaje, que a menudo no se ajusta a la realidad o está deformado por un asesor bien intencionado, sino a través de un diálogo previo donde intento conocer de la propia voz del personaje su biografía política. Cuando un mandatario te cuenta su itinerario vital, puedes descubrir cuáles han sido los momentos clave de su existencia y las vivencias decisivas que han contribuido a formar su pensamiento. Eso facilita las cosas cuando surge un conflicto, porque sabes qué es lo que le mueve a actuar de una determinada manera y eres capaz de comprenderlo.

En mi caso, eso no tiene vuelta de hoja: mi vocación política, mi compromiso social y mi pensamiento político se entienden mucho mejor sabiendo lo que aconteció en mi familia antes de que yo naciera. Es evidente que mi biografía está muy marcada por la personalidad de mi abuelo Juan Rodríguez Lozano y la tragedia que le tocó vivir. La lección más importante que he recibido me la dio él, un capitán republicano muerto a los cuarenta y dos años, al que no llegué a conocer pero que ha estado siempre presente en mi vida. Era militar de vocación, pero socialista de corazón. De hecho, se hizo socialista conviviendo con los mineros de la comarca leonesa de Gordón, de donde era mi abuela. Había nacido en 1893, en el pueblo pacense de Alange, hijo de un teniente de infantería, Sebastián Rodríguez, que murió en la guerra de Cuba cuando él era todavía un niño. Mi abuelo fue destinado a Larache con veinticuatro años y tuvo que luchar en el campo de batalla del Rif, donde habían desembarcado las tropas españolas en 1911 tras duros combates con las fuerzas marroquíes, estableciéndose un protectorado. Por su coraje en el campo de batalla, se le concedió la Cruz del Mérito Militar. De regreso a España, fue trasladado a Lleida y después a León, ya como oficial. La Guerra Civil le sorprendió estando de vacaciones con su familia en el pueblo de San Pedro de Luna, regresando rápidamente a la capital leonesa, adonde había sido convocado de urgencia por sus superiores.

En León no hubo propiamente guerra, pues el alzamiento franquista triunfó sin apenas oposición, al abrazar la sublevación la gran mayoría de los mandos militares. Por lo que me contaron en casa, lo habían citado a una reunión en el Gobierno Civil con el resto de altos oficiales de la plaza. Mi abuela no quería que fuera, porque sabía el peligro que corría si se presentaba. Él la tranquilizó diciendo que no tenía nada que temer, pues siempre había sido leal al Estado. De hecho, dos años antes había tenido que sofocar la rebelión de octubre de 1934 en Asturias a pesar de sus simpatías por los mineros, siendo el presidente del Gobierno un hombre de derechas como Alejandro Lerroux. Pero ya no regresó a casa: el capitán Lozano se mantuvo leal a la Segunda República y al Gobierno de Manuel Azaña, así que fue detenido y encarcelado en la prisión de Puerta Castillo y finalmente llevado al Hostal San Marcos, que hoy es Parador Nacional, convertido en un campo de concentración. Allí permaneció tras una pantomima de juicio y un consejo de guerra sumarísimo que lo condenó a la pena de muerte. En una celda de ese establecimiento escribió de su puño y letra el testamento político que entregó a su esposa antes de su fusilamiento en Puente Castro, el 18 de agosto de 1936. Por cierto, con mi abuelo fueron fusilados otros dos ilustres socialistas: el alcalde de León, Miguel Castaño, y el presidente de la Diputación, Miguel Carro. Un pelotón los ajustició de madrugada en una especie de vaguada, a un lado del río, camino del cementerio.

Lo más impactante de este testamento de su credo político, escrito la noche antes de morir, es que empieza declarándose inocente de los cargos que se le imputan y, sobre todo, niega rotundamente ser un traidor a su patria. Pero, al mismo tiempo, afirma ser capaz de perdonar a aquellos que lo condenan por no sumarse al alzamiento contra el Gobierno legítimamente constituido. Se trata de un texto breve, muy bien escrito, donde dice: «Muero inocente y perdono. Y pido a mi familia que también perdone. Nunca fui un traidor a la patria y mi único credo fue el amor al bien republicano, un ansia infinita de paz y el mejoramiento de los humildes». Cuando hablé de mi propio credo al concluir mi discurso de investidura en abril de 2004, estaba citando sus últimas palabras sin decir de quién eran. Era un guiño con la historia, aunque casi nadie se enteró. Bueno, en León sí, porque el testamento es conocido por mucha gente. Además, mi abuelo siempre quiso que se reivindicara su nombre y no podía haber mejor momento que desde la tribuna del Congreso de los Diputados. A raíz de eso, le hicieron un monumento en la montaña de Araya, en un punto de la Cordillera Cantábrica que divide León y Asturias. Allí hay también una trinchera que los milicianos le dedicaron con una leyenda donde, a pesar de que las letras sobre el hormigón están muy deterioradas por el paso del tiempo, aún se puede leer: «Es la trinchera del capitán Lozano, apunta bien, miliciano, y defiende la República».

Cuando fui elegido presidente del Gobierno quise ir hasta Pola de Gordón, donde lo enterraron, como era su deseo, después de que trasladáramos sus restos desde León, en cuyo cementerio civil había sido inhumado tras su fusilamiento. Fue mi padre quien cumplió su mandato cuando ya gobernaba el PSOE en España, pero no quiso que los hijos lo acompañáramos para evitar que nos impactara descubrir el cuerpo. Nos contó después que, cuando abrieron el féretro, le sobrecogió ver su calavera vestida con el uniforme militar, que se había conservado sin apenas deterioro. Y nos explicó que, de pequeño, su padre quiso ser militar como lo había sido el suyo, pero que desde que pensaba por sí mismo se consideraba sobre todo socialista. Es más, escribía artículos en *El Socialista* sobre asuntos de índole castrense. Le propuso por carta al entonces director, Julián Zugazagoitia, colaborar en la publicación, ofreciéndose para escribir con seudónimo y aclarando que no era ni un oficial monárquico ni un oficial señorito, sino alguien que tenía la esperanza de una humanidad mejor y un mundo más justo. Eso le iba a suponer un primer consejo de guerra cuando se enteraron sus superiores, por lo que se le impuso una sanción disciplinaria. También hubiera podido escribir sobre Derecho, que era una materia por la que se interesó en los últimos años de su vida. De hecho, cuando fue detenido había estudiado la carrera y quiso defenderse a sí mismo tras ser encarcelado en la prisión de Puerta Castillo, en el verano de 1936.

Mi abuelo me dejó dos herencias: la más importante, su pensamiento y su dignidad; la otra es su Enciclopedia Espasa, el centenar de tomos que siguen en el desván de la casa paterna. Era un hombre culto, pero sobre todo con grandes ganas de saber. Y era un idealista, posiblemente algo ingenuo para los tiempos duros que corrían, pero muy volcado en sus ideales. Una de las costumbres que estableció era la de llevar a una persona sin recursos a comer a su casa todos los domingos, como expresión de solidaridad y compromiso. Llegó a ser masón, de la Logia de Gijón, por su concepto de la fraternidad y por el fomento del desarrollo social y moral del ser humano. Todos los masones tenían un apodo y el suyo era «Rousseau». Por cierto, un historiador gallego, Francisco Leira, publicó hace unos meses un libro titulado *Los Nadies de la Guerra de España*, en el que se describen diversos perfiles de personas afectadas por la contienda, entre los que incluye al Capitán Lozano.

En cuanto a mi padre, nos habló sin parar de mi abuelo desde que tuvimos uso de razón. Yo tuve plena conciencia política siendo un adolescente, y mi hermano también, por lo que le habíamos oído contar en casa. Él decía que había vivido amargado porque el golpe franquista le había quitado a su padre y luego la dictadura le había quitado la libertad. Siempre sintió simpatía por los partidos de izquierda y particularmente por el Partido Comunista, pero no llegó a militar. No le gusta tanto la política como a mí, aunque siempre lo he tenido por un buen analista. Tengo la sensación de que no se enroló en ninguna formación para no darle un serio disgusto a su madre. Mi abuela enviudó con cuarenta y dos años, los mismos que tenía su marido, el capitán Lozano, y vivió como una militancia su propia viudedad. La recordamos en casa, siempre vestida de negro, sentada en el sillón, con los ojos tristes. La suya fue una vida limitada a su familia con la atroz compañía de su dolor. Y aun así vivió hasta los ciento un años.

Seguramente, el mismo temor invadió a mi padre el 23-F de 1981, cuando el teniente coronel Tejero se presentó pistola en mano en el Congreso de los Diputados. Yo tenía veinte años, pero era ya un activista destacado del Partido Socialista local a pesar de ser muy joven. Recuerdo aquellas horas y a mi padre angustiado, llamando por teléfono a un primo de su suegra, mi otra abuela, que era coronel del Ejército y simpatizaba con el bando franquista, para saber la profundidad de la revuelta militar. Tengo grabada aquella noche que pasamos junta toda la familia, sentado en un sofá rojo que había en casa y con la radio puesta. Me veo, como si fuera ahora, saliendo de mi cuarto, donde estaba estudiando para un examen parcial de cuarto curso de la carrera de Derecho, en dirección al despacho de mi padre, gritando «Lo han dado, lo han dado», convencido de que estábamos ante un golpe de Estado contra la democracia. Ahora, haciendo memoria de lo vivido, me doy cuenta de que, ¡joder!, vivíamos en efecto bajo esa amenaza, con ese riesgo. La prensa se refería a estos intentos de desestabilizar el sistema con la metáfora del *ruido de sables*. Al día siguiente, en la facultad, que realmente era el edificio de Filosofía y Letras de León, nos concentramos un número notable de universitarios y colgamos una gran pancarta en el vestíbulo con el lema «¡Viva la Constitución, viva la democracia!». Era delegado de curso y tomé la palabra con tono mitinero, animando a no dar un paso atrás en la defensa de las libertades, después de lo mucho que había costado recuperarlas en España. Es curioso cómo la vida se cruza en algunos momentos: por aquellos días acababa de conocer a Sonsoles y estaba loco por ella. Mientras hablaba, la buscaba con la mirada entre la concurrencia: estaba todo el tiempo pendiente de sus reacciones. La conocía poco, pero eso no impedía que estuviera completamente *colado*. La veía siempre con *El País* bajo el brazo, el periódico que compraba todos los días para que lo leyera su padre, comandante del Ejército. Era militar, aunque liberal y republicano. Aquel día, entraron unos de Fuerza Nueva e intentaron arrancarnos la pancarta que habíamos colgado, pero no lo consiguieron al enfrentarse a ellos centenares de universitarios que les plantaron cara. Uno de los que formaba parte del grupo ultra acabaría después en Alianza Popular y se convertiría en dirigente del partido. Con el tiempo me llevaría bien con él e incluso en una ocasión me pidió que le echara una mano. Acabó siendo un demócrata, pero venía de donde venía y estas cosas marcan. A eso me refería al principio: el pasado nos persigue y no todo el mundo es capaz de explicarse de dónde viene. Insisto, somos nuestra biografía, ella es el espejo en el que no siempre podemos reconocernos.

El regreso de la extrema derecha

Ahora hablamos de la extrema derecha que representa Vox, pero Fuerza Nueva intentó por todos los medios impedir que triunfara la democracia en los años de la Transición. En el PSOE teníamos siempre la sede bajo protección y se habían registrado serios enfrentamientos con ellos en las calles. Nos insultaban, nos amenazaban e incluso habíamos vivido conatos de violencia. Más de una vez se habían presentado en nuestra sede con megafonía para intimidarnos con el «Cara al sol». Tras el 23-F y la victoria socialista del año siguiente, estos sectores perdieron visibilidad. El cambio en España fue real y los ultras no solo pasaron a estar más controlados, sino que además perdieron entidad en la vida del país. Y figuras como el alcalde de León en 1936, que fue fusilado junto a mi abuelo, tuvieron una calle en la ciudad, en la misma en la que, por cierto, vivía Sonsoles. E incluso a mi abuelo le dedicaron una sala en el Hostal San Marcos, donde había pasado sus últimas horas. La gente de la derecha ilustrada de León siempre tuvo mala conciencia por cómo el franquismo había decapitado a los referentes políticos de aquel territorio. Un ejemplo lo tengo en mi padre, que era un buen abogado, con conciencia social, al que contrató el Ayuntamiento leonés durante el franquismo. Hubo un artículo publicado en la prensa local de un periodista del régimen que se preguntaba cómo era posible que el consistorio contratara al hijo de un fusilado. Mi padre pudo cursar la carrera de Derecho en Valladolid. Le pagó los estudios un amigo de mi abuelo, que era médico; de otra manera no hubiera podido ir a la universidad, pues la pensión de mi abuela solo daba para sobrevivir. Entonces se enamoró de mi madre, la hija de un médico vallisoletano. Se trataba de un pediatra liberal, pero sin ningún compromiso político. Recuerdo haberle oído decir a mi madre que las señoritas de la capital castellana le echaban en cara que saliera con el hijo de un rojo ajusticiado, lo que me parece una manifestación terrible, pero era el país que teníamos. Ser el hijo de un republicano condenado por el franquismo resultaba una lacra, algo que marcaba a una familia y que era un impedimento para progresar en la vida.

Afortunadamente, la victoria del PSOE en 1982 cambió este país de arriba abajo y los ciudadanos supieron valorarlo. Pensemos que la derecha tardó catorce años en recuperar el poder en España. La extrema derecha no desaparece, está latente, pero saben que han perdido la batalla. No solo fracasaron en su intento de frenar la reforma política, sino que quedaron aislados e intentaron refugiarse finalmente en Alianza Popular (AP), que aglutinó a los franquistas partidarios de que no hubiera un verdadero cambio de régimen, después de que la coalición Unión Nacional, que los congregaba en las elecciones de 1979, obtuviera un solo escaño, que ocupó Blas Piñar, el líder de Fuerza Nueva. Pero en las siguientes elecciones ni siquiera pudo conservarlo y perdieron ochenta mil votos. La extrema derecha fue incapaz de adaptarse a los cambios culturales y a los valores emergentes de una sociedad que no quería volver al pasado. Su inmovilismo ideológico los aisló; las nuevas generaciones se miraban en el espejo de Europa y querían sentirse libres en un mundo que cambiaba muy rápidamente. El presidente de AP, Manuel Fraga, que había sido ministro de Franco, no consiguió ofrecer nada a la sociedad española que pudiera interesar a esta.

La travesía por el desierto de la derecha fue larga y tuvieron que esperar para volver al poder hasta que apareció la figura de José María Aznar, que tuvo la astucia de aglutinar todo el espectro de la derecha, conteniendo a la extrema derecha, que lo vio como un paraguas donde refugiarse. El mérito de Aznar no solo fue unir a toda la derecha, sino que entendieran que había que moderarla. Y más que una estrategia, resultó ser una necesidad, tras requerir, después de las elecciones de 1996, los votos de los nacionalistas catalanes, lo que se escenificó en el llamado Pacto del Majestic. Ello obligó al PP a hacer concesiones sin precedentes, impensables durante la campaña electoral: se cedieron las competencias de tráfico a los Mossos d'Esquadra en detrimento de la Guardia Civil, se suprimió la figura de los gobernadores civiles, se eliminó el servicio militar obligatorio, se cedió el 30 % del IRPF a las comunidades autónomas... En el caso del nacionalismo vasco, se acordó la creación del operador de telefonía Euskaltel, lo que rompía el monopolio que tenía hasta entonces Telefónica. Si hubieran sido los socialistas los que hubieran llegado a estos acuerdos, es fácil imaginarse lo que habrían dicho la derecha y sus altavoces afines. Cuando es la izquierda quien negocia con los nacionalistas se rompe España, el país pierde la dignidad o los enemigos del Estado saquean las arcas públicas. Es evidente que Aznar estaba dispuesto a todo para gobernar: el PP se quedó a 22 escaños de la mayoría, así que los 16 de CiU, los 5 del PNV y los 4 de Coalición Canaria valieron su peso en oro. Y no solo Aznar pasó a hablar catalán en la intimidad, sino que le cortaron la cabeza a Alejo Vidal-Quadras, atendiendo a los deseos de Jordi Pujol de apartarlo de la vida política catalana. Y otra cosa que a veces se olvida es que, durante la tregua de ETA, el PP de Aznar acercó 135 presos de la banda a cárceles vascas, autorizó abrir contactos con la banda terrorista y llegó a hablar en público sin ningún pudor del Movimiento de Liberación Nacional Vasco. Si eso lo hubiera hecho un presidente socialista, ¿qué habrían dicho el PP o la extrema derecha? ¿Habrían pedido su inhabilitación? ¿Habrían proclamado que estaba desacreditando la democracia? Por cierto, vale la pena recordarlo: el pacto antiterrorista con la oposición fue una propuesta mía como jefe de la oposición y ETA capituló cuando los socialistas recuperamos el Gobierno en España, estando Alfredo Pérez Rubalcaba al frente del ministerio de Interior y Patxi López de lendakari.

La luna de miel de la derecha con los nacionalistas duró hasta las siguientes elecciones, cuando el PP obtuvo la mayoría absoluta. Pero todavía en los primeros meses del año 2000 la derecha, que ganó por mayoría absoluta, con 183 escaños y más de diez millones de votos, se relajó tanto que llegó a votar en el Congreso la condena del franquismo. Una declaración que fue el germen de la Ley de Memoria Histórica posterior. La derecha se apuntó en un primer momento, coincidiendo con la eclosión de muchas asociaciones que fueron surgiendo por toda España para transmitir la versión de los vencidos y la represión de los victoriosos de la Guerra Civil. Luego, el PP retrocedió cuando empezaron a salir voces de intelectuales de la derecha que les decían que estaban perdiendo el control de la historia oficial.

Cuando la derecha dejó de necesitar los votos de CiU, se distanció de ellos y poco a poco volvió a radicalizarse. Fueron los años de la invasión de Irak, que llenaron de manifestaciones contra la guerra las ciudades españolas, del hundimiento del petrolero Prestige frente a las costas gallegas, que no pudo gestionarse peor, de las políticas contra la inmigración irregular, que no impidieron que se multiplicase por cinco, de una huelga general de gran seguimiento contra la reforma laboral... Aun así, ellos pensaban que habían recuperado el poder, que el Partido Socialista había quedado tocado, y estaban convencidos de que repetirían en 2004, con Mariano Rajoy como candidato. Estaban convencidos de que tenían la victoria en la mano, y la derrota los descolocó, pero sobre todo los radicalizó. Intentaron justificarla con el atentado del 11-M para deslegitimar así la victoria socialista.

Tengo el convencimiento de que la deriva de la gran conspiración en torno al atentado, a la que el PP se aferró para insistir en que el autor había sido ETA, es el germen de lo que ha sido el resurgimiento posterior de la extrema derecha bajo la fórmula de Vox. Basta con repasar las líneas mediáticas, los discursos al uso y las actuaciones de aquellos días, y cómo fueron ganando peso en los años siguientes, conmigo en la Moncloa. Ahí empezó a gestarse el embrión de lo que una década después fue Vox. La llegada en 2012 de Mariano Rajoy los envalentonó, al tiempo que lo criticaron duramente por moderado. Hubo leyes que se aprobaron con mi mandato, muy progresistas en el fondo y en la forma, que Rajoy no enmendó. Cuando luego se produjo la crisis catalana, estos sectores ultraderechistas no entendieron que el Gobierno aplicara un 155 *light;* se oyó en los corrillos, en los análisis, en los debates. Con la declaración de independencia de Catalunya el 27 de octubre de 2017, Vox emergió con potencia en la sociedad española. Podía haber sido un intento más de crear un partido de cuatro nostálgicos y cuatro jóvenes de sangre caliente, como fue el caso de España 2000, pero el clima que se generó en el país les dio oxígeno. Madrid se llenó de rojigualdas —y también buena parte de España— y hubo una sobrecarga de nacionalismo español que les dio protagonismo. La crisis catalana fue el bautizo de Vox, que además contó con apoyo exterior.

El *procés* envalentonó a la extrema derecha, en parte refugiada en el PP, y puede considerarse el epicentro del terremoto en el seno del PP que permitió que aquella resurgiera con marca propia. Intentaron ganarse la calle, llenando los pueblos y ciudades de banderas, abrazando discursos que parecían olvidados en los que se intentaba despertar el miedo de la ruptura de España. Además, ello coincidió en el tiempo con la aparición del trumpismo, que se convirtió en la madre de todos los populismos y que empezó a extenderse por buena parte del planeta. Hay que recordar que Steve Bannon, el hombre que había hecho ganar a Donald Trump tras la aparición del movimiento del Tea Party, se instaló en Italia para extender el pensamiento populista en el continente europeo. El Tea Party está en el origen de todo, pues fue un movimiento formado por agrupaciones locales de ciudadanos a los que les unía la oposición a la agenda del presidente Barack Obama en Estados Unidos, pues consideraban que sus estímulos económicos o su reforma sanitaria acercaban el país al socialismo y amenazaban con dejarlo en bancarrota. Eran ultraconservadores con un componente emocional casi tan importante como el político, resultado de los miedos e incertidumbres que generó la globalización, la crisis económica y los cambios sociales que sufrió el país, que acabaron derechizando al Partido Republicano desde una perspectiva neoliberal.

Latinoamérica ha sido otro de los objetivos de la extrema derecha, aunque haya acabado provocando el efecto contrario, consiguiendo que la izquierda triunfe en muchos países. En España, Vox consiguió en las elecciones de noviembre de 2019 un total de 52 diputados y más de tres millones y medio de votos, cuando se trataba de una formación que había sido fundada apenas cinco años antes. Su líder era un hombre llamado Santiago Abascal, que procedía del PP, que se había nutrido en parte de cargos provenientes de este partido y también de Ciudadanos. Tres años después, Vox ocupó por primera vez la presidencia de un Parlamento autónomo, en este caso el de Castilla y León, y la vicepresidencia y tres consejerías de su Gobierno.

Sin embargo, considero que no ha sido un buen negocio para el PP disponer de una versión más radical, aunque le permitiera sumar mayorías regionales, pues España ha evolucionado mucho y no resulta fácil una vuelta atrás en las conquistas sociales. Con un aliado como Vox, es muy difícil conseguir otras alianzas en el Congreso, porque causa el rechazo de partidos nacionalistas con los que la derecha había podido pactar en el pasado. En cualquier caso, la extrema derecha ha dañado seriamente la democracia en países como Estados Unidos, donde intentaron dar un golpe de Estado tras la victoria de Joe Biden al negarse a aceptar los resultados, a pesar de que los tribunales hubieran determinado que no había habido ningún fraude electoral, como sostenían los trumpistas. Hoy Estados Unidos es un país dividido, o quizás algo peor: roto. Pues es evidente que una parte de la sociedad ha intentado deslegitimar abiertamente el Gobierno democráticamente elegido. Según las encuestas, hay más de un 60 % de los votantes de Trump que creen que hubo fraude en las elecciones.

A mí me preocupó que el PP entrara en una deriva parecida cuando empezaron a dudar del voto por correo en la convocatoria del 23-J. El propio Alberto Núñez Feijóo animó a los empleados de Correos a realizar horas extraordinarias para repartir todo el voto, «aunque fuera en contra de la dirección de sus superiores», como si la izquierda quisiera manipular el proceso electoral. No se puede embarrar de esta manera el debate político. Estoy convencido de que la democracia es un sistema tan sabio, tan flexible, tan inteligente, que tiene vías de escape incluso ante los discursos más brutales y tremendistas. El problema se hace real cuando una parte de la sociedad no acepta la legitimidad de un resultado electoral, porque entonces la historia nos enseña que entramos en un terreno realmente peligroso. Hasta el momento nadie se ha atrevido a discutirlo en España, ni siquiera la extrema derecha, y eso es algo que los partidos deberían intentar preservar para no entrar de cabeza en la decadencia del sistema.

Otra cosa es Estados Unidos, que tiene dos crisis de identidad enormes. Una se pone en evidencia en los vídeos de Trump cuando dice en público que «nos están quitando el país». El año de la pandemia fue la primera vez en la historia de Estados Unidos en que nacieron más niños de origen latino, africano o asiático que criaturas blancas, anglosajonas, descendientes de los primeros colonos. Esto tiene a una parte de la sociedad estadounidense completamente en crisis, porque se siente en minoría, amenazada en su dominio. La otra es una crisis externa, pues ha aparecido China como gran poder planetario, un nuevo rival económico que le discute su supremacía en el mundo. Es ya la primera potencia mundial por PIB. Y existe un temor evidente de lo que va a suponer la pérdida de esta doble hegemonía interna y externa. Desconocen cómo ello les va a afectar a sus vidas, qué va a pasar demográficamente y cuáles van a ser los valores predominantes. Ni siquiera los presidentes demócratas, como Obama o Biden, han sabido dar respuesta a esta nueva realidad. No han intelectualizado el momento que vive Estados Unidos. Entiendo que no resulta fácil, entre otras razones porque siempre parecen tener una elección por delante. Y soy plenamente consciente de que la etapa de Trump resultó devastadora para poder afrontar estos asuntos en profundidad.

Pero me gustaría volver a España, porque el gran problema de la derecha y la extrema derecha es que sustentan su capacidad competitiva en la idea nacional. Se pasan la vida advirtiéndonos de que España se rompe, como si fuera un jarrón chino extremadamente frágil. La sociedad española es abierta, progresista, moderna. Me atrevería a decir que es o sigue siendo mayoritariamente de centro izquierda. Y en los últimos años ha sabido revisar su agenda. Los ciudadanos han puesto de manifiesto cuál es su modelo social y qué derechos desean preservar. Es una sociedad que aspira a vivir sin discriminaciones, que desea que se reconozcan los derechos más avanzados. No existe una guerra cultural como nos quieren hacer creer, no se compite por valores por mucho que algunos lo intenten.

Ciertamente, España es de los pocos países donde sobrevivió el autoritarismo tras la derrota de los fascismos, mientras en buena parte de Europa florecían las democracias. La extrema derecha en el poder sobrevivió, entre otras razones, porque había el temor de que, si caía Franco, el país podía acabar en manos del comunismo. Esa era la tesis de figuras como Churchill o Eisenhower. A pesar del tiempo transcurrido, hay instituciones en las que se ha mantenido un sesgo conservador, una de ellas es la Justicia, a la que la política tampoco ha ayudado cuando ha intentado que resolviera asuntos que debía solucionar la propia política. Pienso, por ejemplo, en la crisis catalana.

Pero, aun reconociendo esta tradición, España está entre los cinco países más avanzados en derechos y libertades. No olvidemos que el principio democrático cuenta en las sociedades libres: la ley pertenece al legislador y este representa a la soberanía popular. Y en este país hemos aprobado leyes muy avanzadas que han tenido que ser aceptadas por los tribunales. Con más o menos entusiasmo, pero la realidad es que el propio Tribunal Constitucional les ha dado luz verde, a pesar de que se abordaban cuestiones que resultaban muy delicadas para la derecha conservadora.

El nacionalismo español que ha querido patrimonializar la derecha, frente a una izquierda que defiende una España plural, no deja de ser su gran refugio ideológico. Parece que la única garantía de la igualdad de los españoles sea la unidad de España. Basta recordar la Guerra Civil: unos eran los nacionales y los otros, los rojos. En realidad, nacionales eran todos teóricamente, pero unos se apropiaron de la etiqueta. Debió de ser porque no tenían otros activos intelectuales y políticos que arrogarse. Es una pena, pero en este país no ha surgido una derecha liberal. En países como Bélgica, Holanda o Alemania he conocido a liberales federalistas. Es más, considero que, si lo que quiere un liberal es el reparto del poder para que este no esté concentrado eso le empuja a ser federalista.

Creo que es muy interesante releer *Mater Dolorosa*, de José Álvarez Junco, porque resulta el libro que mejor resume la historia de España a partir del siglo XIX y su evolución en el seno del siglo XX. La dificultad de la consolidación de España como nación en el Estado español es evidente. La Constitución de Cádiz de 1812 fue la primera promulgada en nuestro país y una de las más avanzadas de su tiempo. Pero apenas llegó a estar en vigor, a los dos años de su promulgación fue derogada. Aun en otras dos ocasiones, durante el Trienio Liberal y bajo el Gobierno progresista de 1836-1837, se volvió a aplicar de forma casi testimonial. Fue un hito democrático, donde se reconocía la monarquía constitucional, la separación de poderes, la libertad de imprenta y medidas regeneradoras para mejorar la sociedad. Más allá de los paréntesis republicanos, tuvimos que esperar un siglo y medio, con la Constitución de 1978 y la Transición política que le siguió, para recuperar España como democracia.

Pero incluso naciones como Estados Unidos han de lidiar con una historia de los últimos doscientos años que sobrelleva una pesada carga, el racismo y su origen esclavista. Y eso, aun siendo el pasado, está presente en la base del debate político de las cosas que suceden en Estados Unidos. Y nosotros tenemos que lidiar con la versión del Estado-nación, que ha mostrado imperfecciones claras en su consolidación histórica. Es una disputa entre una visión muy centralista y uniforme, y unas sensibilidades periféricas que no se han sabido encajar. Ingenuamente, el franquismo, creyendo que podría hacer desaparecer las diferencias por la fuerza, intervino en todos los órdenes de la vida, intentando reprimir otras lenguas, otras culturas, otras identidades... Y resulta que cuando se acabó el franquismo, todo eso resurgió con más fuerza, emergiendo desde lo más profundo tras cuarenta años de represión y prohibiciones.

No se trataba de una cuestión superficial o folclórica, sino de un sentimiento real, transmitido de padres a hijos. Por no hablar, en concreto, de Euskadi, que generó una respuesta violenta en la recta final del franquismo y comportó una tragedia colectiva que afectó a tres generaciones de vascos, además de segar la vida de casi un millar de ciudadanos y llegar a amenazar a la propia democracia..., la incipiente, frágil y esperanzadora democracia española.

EL PODER Y LA DEMOCRACIA

El hombre del dilema

José Luis Rodríguez Zapatero es una referencia en resolución de conflictos y viaja a menudo a Latinoamérica, donde lo reclaman para aconsejar, orientar y mediar. Sobre todo, ha tenido una tarea en Venezuela que arranca desde las elecciones a la Asamblea Nacional de 2015. Pero no solo ha realizado esta labor de mediación en Venezuela, adonde ha viajado en múltiples ocasiones, sino que también ha colaborado puntualmente para resolver otros conflictos en aquel continente. Desde 2020 forma parte, como miembro fundador, del Grupo de Puebla, una agrupación que aglutina a políticos de izquierdas de Latinoamérica y España, y del think tank *Gate Center, que tiene como prioridad el análisis de las tendencias geopolíticas con especial énfasis en las regiones emergentes.*

El político socialista resulta un personaje influyente doce años después de haber dejado el Palacio de la Moncloa. Defensor decidido del diálogo para la resolución de conflictos, está convencido de que los gobiernos han ido cediendo directamente soberanía, no solo por la aparición de entidades suprapolíticas o macroeconómicas poderosas, sino también por la emergencia de compañías tecnológicas capaces de influir en nuestras vidas. Y en nuestros votos. Pero sigue teniendo fe en el poder democrático, en su capacidad trans-

formadora y en la posibilidad de mejorar la vida de las personas. En las elecciones españolas del 23-J, adquirió gran protagonismo durante la campaña, ante la amenaza de una victoria de la derecha asociada con Vox. El día después de conocerse el resultado de las urnas, Pedro Sánchez le invitó a la Moncloa para agradecerle su compromiso y se dieron un abrazo.

En la Oficina de Zapatero figuran su secretaria Gertrudis Alcázar, Gertru, su sempiterna colaboradora, que está a su lado desde que empezara a ascender peldaños en el PSOE, y dos colaboradores más.

Zapatero tiene su mesa de trabajo despejada. No es un político al que le guste vivir entre montañas de carpetas y columnas de papeles. Además del ordenador, hay en un rincón cinco libros apilados, arriba de los cuales figura la novela inédita de Manuel Vázquez Montalbán, Los papeles de Admunsen. *En las estanterías, pueden verse no menos de treinta volúmenes de Jorge Luis Borges y un par de monografías sobre el personaje. Pero también la obra completa de Miguel Hernández,* El Quijote *de Miguel de Cervantes en dos tomos, tres libros de María Zambrano (entre ellos* La España de Galdós*), dos obras de Juan Gelman, una antología poética de Antonio Gamoneda, los* Discursos políticos *de Manuel Azaña, el* Breviario de campaña electoral *de Cicerón, un ejemplar de* China en el mundo*, tres análisis periodísticos del paso de Zapatero por la Moncloa y el libro* El dilema*, que quiso escribir para que los españoles entendieran la disyuntiva a la que su Gobierno se enfrentó en mayo de 2010: o recortaba o podía alimentar la* *espiral de falta de solvencia del país, con el riesgo de incumplir los compromisos de deuda de España. Fueron seiscientos días de vértigo, que Zapatero vivió como una encrucijada personal repleta de incertidumbres. Como remate de la librería, hay un aparato de radio de los años cuarenta y, en las repisas, una foto en la que se ve al expresidente conversando con Barack Obama y la ya mencionada foto de dos de sus autores de referencia: Borges con Bioy Casares.*

Sobre una mesa auxiliar, figura un marco con la imagen de los rostros de su esposa Sonsoles junto a sus hijas Alba y Laura, un retrato dedicado de Felipe VI y una carpeta editorial sobre las Constituciones Españolas. En las paredes del despacho solo hay dos cuadros: una litografía en blanco y negro de Adolfo Barnatán, el artista que fue pareja de Elena Benarroch, y una imagen de dos mujeres en actitud cariñosa con un fondo rojo, que le regaló el colectivo LGTBI.

Zapatero asegura no sentir ninguna sensación reverencial por los despachos, ni siquiera por los despachos del poder: «El día que me fui de la Moncloa intenté empaquetar rápido para no demorar mi marcha, pero puedo asegurar que no sentí ningún duelo. La vida no está en los palacios, está fuera».

M. C.

El poder se siente

El poder ha condicionado a los seres humanos antes incluso de que estos fueran capaces de entender su concepto. Y las luchas por el poder han desencadenado enfrentamientos, conflictos y guerras a lo largo de la historia. Es evidente que en el mundo contemporáneo la historia del poder viene marcada por la democratización creciente de las sociedades. Pero la propia historia está en permanente cambio y las circunstancias económicas, las relaciones políticas y los avances tecnológicos hacen que el poder democrático esté siempre en una carrera tratando de reaccionar ante ellos. En lo que llevamos del actual siglo, está claro que la gran transformación, el gran reto, para las democracias es el hecho inapelable del mundo global, de la globalización que cabalga en buena medida a lomos de esos avances.

Yo, como presidente del Gobierno, he *sentido* el poder en las cuestiones que afectaban estrictamente a las competencias soberanas. En España, en las decisiones de repercusión interna, experimenté una clara sensación de las posibilidades que depara el ejercicio del poder, con los límites que establece el marco constitucional y los que derivan de la propia contención personal. Como también pude percibir, en el sentido opuesto, cómo se reducían esas posibilidades en relación con la evolución de los mercados financieros, por poner un ejemplo, al respecto de los cuales se posee una limitada capacidad de influencia... O, claro está, con carácter general, como consecuencia de nuestra pertenencia a la Unión Europea, que ha supuesto un traspaso cierto de la soberanía estatal.

En la actualidad, los dirigentes sufren una limitación adicional de su capacidad como representantes de Estados soberanos, como representantes del poder democrático, en todo aquello que afecta a esos avances de las tecnologías, que superan la capacidad de anticipación de los gobiernos y de los sectores públicos. Así, se puede observar cómo dentro del sector privado se desarrollan las tecnologías de la información para hacer usos desconocidos de la misma, o cómo la biotecnología nos puede colocar ante dilemas que requieren de un debate y una respuesta democráticas. Más que en ningún otro momento, seguramente, los avances científicos y tecnológicos se muestran como las principales palancas de cambio de la historia. No solo de la política, sino de la historia en general. Séneca sostenía hace dos mil años que cada reinado está llamado a someterse a un reinado mayor, en el sentido de que una nación invadía a otra menos desarrollada y que una civilización se imponía a otra no tan avanzada. Pero en nuestros días este determinismo se ha acelerado, pues es la tecnología la que está cambiando nuestras vidas radicalmente y debemos intentar que no nos imponga modelos de poder no deseados o que no manipule la capacidad de decisión de nuestras democracias. Siempre la política ha de intentar interiorizar, racionalizar y regular esos cambios, pero nunca ha sido tan complejo hacerlo como en el tiempo que nos corresponde vivir.

Ahora mismo estamos asistiendo a la difusión de la inteligencia artificial, que no sabemos adónde nos llevará. Aún no ha empezado el debate en toda su extensión, pero la pregunta es clara: ¿será capaz el poder democrático de imponerse a lo que supone ese avance científico, que desborda todas las categorías de la interrelación y la comunicación humanas conocidas? Esta es la gran cuestión, que va acompañada de otras del calibre de cómo se gestarán y aplicarán las decisiones democráticas, cómo se divulgará la información veraz o quién ejercerá los mecanismos reales del poder social...

Creo, en efecto, que el poder democrático está siempre en una carrera para asumir y encauzar los cambios tecnológicos, que son o representan a su vez cambios históricos. Aunque debemos tener presente que ese desafío es reciente, porque la propia democracia lo es en términos históricos relativos, o el Estado mismo concebido como una organización racional para la convivencia política, para el orden social.

Un mundo con redes, la política sin red

No tengo ninguna duda de que la democracia se enfrenta a uno de sus retos más difíciles con la inteligencia artificial, porque no es solo una cuestión ideológica, sino de transformación profunda.También pensábamos que la globalización era fruto de una ideología, de un supuesto plan liberal, pero no; es más bien el resultado de los avances del transporte aéreo, que han provocado que pasemos de los cincuenta millones de viajeros en 1960 a los más de mil millones que van a viajar este año en avión, o, por supuesto, del desarrollo de internet para las comunicaciones de todo tipo, o de lo que supuso la aportación de los contenedores para el desarrollo del transporte y del comercio mundial... Y la realidad de la globalización nos pone ante el desafío político de cómo gobernarla para conseguir un mundo más equilibrado, más justo y más confortable para todos.

Una de las cuestiones que deberíamos evitar que nos condicionara en la consecución de este reto son las redes sociales, que alguien dijo, refiriéndose a Twitter —ahora X—, que es lo más parecido a «un *pub* de madrugada cuando todo el mundo va pasado de copas y te han abandonado los amigos». Su utilidad parecía incuestionable, pero en lugar de contribuir a una mejor comunicación global, ha acabado convirtiéndose, con demasiada frecuencia, en un campo propicio a la polarización y a las descalificaciones, cuando no a los insultos.

Probablemente, Donald Trump no hubiera conseguido ser presidente de Estados Unidos sin la complicidad de las redes para enviar mensajes y difundir falsedades. Entiendo que no se puede gobernar en nuestros días sin tenerlas en consideración. Ni se puede saber lo que pasa sin tenerlas presentes. En mi caso, por ejemplo, no estoy en ninguna red social, lo que no quiere decir que no tenga conocimiento de lo que circula a través de ellas, porque tengo quien me informa.

Cuando goberné, las redes sociales se encontraban en un momento incipiente. Mi reflexión al respecto es que los gobiernos, en la era de las redes sociales, están sometidos a una interpelación permanente, a una exigencia de respuesta inabarcable. Según un estudio europeo, cada veinte segundos, un Gobierno democrático debería sacar una nota de prensa, porque cada veinte segundos aparece un asunto que puede ser crítico para este. Esto hace muy difícil la comunicación institucional, que no es otra cosa que la capacidad de explicarle a la ciudadanía cuál es la acción de un Gobierno. Cada vez hay más filtros tecnológicos que impiden que los mensajes lanzados desde el Ejecutivo lleguen claros y nítidos.

Con todo, siempre he pensado que la democracia es un sistema sabio, que ha demostrado tener una inteligencia extraordinaria y unos profundos fundamentos. Ante las redes sociales, seguramente asistiremos a un proceso histórico de una intensidad no necesariamente mayor que la provocada por otros grandes descubrimientos en la comunicación. Hubo un antes y un después de la invención de la imprenta en la historia de la humanidad. Hubo un antes y un después de la aparición de la radio, aunque se nos haya olvidado, pues fue el medio por excelencia en las dos grandes guerras. Y hay un antes y un después de la televisión, donde el famoso debate entre Richard Nixon y John Kennedy condicionó el resultado final de las elecciones a la presidencia de Estados Unidos, y hoy no hay campaña sin un cara a cara. Es verdad que en la actualidad asistimos a la globalización de la comunicación, mediante el fenómeno de internet y las redes sociales, que se traduce en una conversación social virtualmente permanente y sin fronteras. Se trata de una conversación de laberintos, pues no sabes exactamente de dónde salen ni adónde conducen cada uno de los hilos que la tejen. Cabe preguntarse si estas tecnologías son capaces de imponer un discurso de contenido político potente. Porque cuando en la sociedad emerge un discurso de estas características, ese contenido es capaz de sobreponerse al estilo más simplón, de descalificación y de trinchera de las redes.

Es verdad que la emergencia de estas ha coincidido en términos históricos con una situación económica de retroceso y de inestabilidad, especialmente en Occidente, y ello puede condicionar el juicio. Pero cómo no pensar que la maravilla de las tecnologías de la comunicación es que te permite acceder a cualquier información, comunicarte con cualquiera, en cualquier punto del mundo.

Cómo no destacar su importancia histórica para el conocimiento, la información y el desarrollo de las comunicaciones y de la ciencia.

Es espectacular. Puedes comunicarte con cualquier persona por videoconferencia, ya esté en China, en Madagascar o en Nueva Zelanda. Accedes en un momento a cualquier dato, a cualquier noticia o a cualquier estudio que necesites. Cuando antes, y de ello no hace tanto, solo existía la búsqueda de un libro en una biblioteca, para lo cual debías desplazarte, esperar a que no lo estuviera consultando otra persona y quizá tener que tomar apuntes durante horas.

¡Cuánto sorprendería a Borges la red como biblioteca infinita! Porque eso es lo que es: una biblioteca infinita que te permite acceder a un conocimiento en realidad inabarcable. El fenómeno suscita muchos interrogantes. Cabe preguntarse si la emergencia de un nuevo modelo de comunicación social, que se caracteriza esencialmente por el libre acceso, es decir, en el que todo el mundo puede opinar y todo el mundo puede imponer su opinión, ha hecho perder fuerza a los intelectuales en la articulación del pensamiento político y social. Porque el flujo de la opinión ya no está guiado, o lo está en mucha menor medida, por el respeto reverencial a los intelectuales e incluso a los científicos; es más horizontal, espontáneo e imprevisible en su capacidad de convocar adhesiones, muchas veces puramente emocionales.

Cabe preguntarse también si el que haya coincidido, como acabo de comentar, la emergencia de las redes con una época de inseguridad económica y política, de decadencia de la promesa encarnada por las democracias, ha contribuido a que tengamos de ellas esa imagen de debate acre, tantas veces agresivo, canalizador de malestar, simplificador, que propician. Tal vez tengamos ocasión de comprobar, si algún día las tornas cambian y nos adentramos en un periodo de mayor confianza y estabilidad, que no es inseparable de las redes ese papel de contrapoder preocupante que hoy parecen asumir.

Lo que ofrece pocas dudas es que el desarrollo tecnológico general, y el de las nuevas plataformas de comunicación en particular, hace que cada vez haya más gente que mande y que los que mandan manden menos. Y, ciertamente, hay nuevos actores que influyen en la política de los países, y del planeta, que no han sido elegidos por nadie pero que tienen un poder muy notorio. Pienso, por ejemplo, en Elon Musk, que puede manipular sus satélites para que un misil ucraniano no impacte en la flota rusa de Crimea, como ha sucedido hace unos meses, porque considera que eso podría tener consecuencias indeseadas, sin dar explicaciones a nadie.

Este es un fenómeno nuevo. O que lo parece, porque me pregunto si en la historia no siempre ha sido así, en el sentido de que ha habido personajes en la sombra que lograban condicionar las decisiones de los gobiernos. Al menos, ahora incluso pueden ser hasta más visibles y hasta más conocidos. Y es que con mucha frecuencia se tiende a pensar que las cosas en el pasado fueron mejores. Sin embargo, no participo de esa tesis, creo que la idea de progreso es la que se abre paso en la historia. Ahora hay más transparencia de la que había en el pasado. Y es verdad que en la actualidad hay sujetos privados y poderes económicos que disponen de una gran fuerza transformadora, pero el poder político democrático sigue siendo el poder fundamental. Por ejemplo, cuando la Unión Europea (UE) y la institución del Banco Central Europeo (BCE), en la gran crisis financiera y de las deudas soberanas, decidieron finalmente poner todo el arsenal al servicio del control de los mercados frente a los ataques especulativos, lo consiguieron en muy poco tiempo. Cuando Mario Draghi, al frente del BCE, declaró en julio de 2012 que haría todo lo necesario para poner fin a ese proceso especulativo porque el BCE posee una capacidad de disparar infinita, porque puede emitir todo lo que quiera y comprar todo lo que quiera, los mercados se tranquilizaron y reaccionaron positivamente.

Eso fue posible hacerlo desde unas instancias de poder como las que representa la UE, con su moneda común y con una actuación coordinada de sus potentes economías. Lo puede hacer también la Reserva Federal americana, lo puede llevar a cabo China, y pocos más.

Con ocasión de la pasada pandemia de la Covid-19, se puso particularmente de manifiesto la capacidad de que dispone el poder político cuando está y actúa unido. Y lo puso particularmente de manifiesto la UE, que mostró a ojos de todos lo benéficamente poderosa que puede resultar cuando actúa como lo hizo. Nadie debería subestimar el poder de Europa.

Si fuéramos capaces de trasladar ese modelo a una comunidad política global, donde se regularan los paraísos fiscales y donde hubiera una fiscalidad concertada, hasta los más poderosos perderían mucho del poder que tienen. Esta debería ser la nueva frontera: la construcción de una comunidad política global, con unas reglas económico-financieras, con capacidad de luchar contra el cambio climático, de dar respuesta al fenómeno de las migraciones, de superar la pobreza endémica y, ante todo, de restablecer y de afirmar la solución pacífica de los conflictos, el uso absolutamente limitado de la fuerza y la cooperación como principio esencial entre naciones. Ese es el gran desafío civilizador que tenemos por delante y que debemos actualizar, y no es utópico porque ya nos hemos comprometido con él.

La carpeta con anillas de Aznar

En este capítulo sobre el poder me gustaría referirme a mi recuerdo del primer día que llegué a la Moncloa. Cuando llegas como nuevo inquilino no eres plenamente consciente de lo que tienes por delante, por más que intentes imaginártelo. Recuerdo que unos días antes, tras la victoria electoral, me recibió José María Aznar en la residencia que iba a ocupar en mi calidad de nuevo presidente. Me acompañaba José Enrique Serrano, que iba a ser mi jefe de gabinete, como nueve años antes lo había sido de Felipe González en la etapa final de su gobierno, y que ya conocía las instalaciones de la presidencia del Gobierno.

Aznar me recibió de forma cordial. Y de esa primera reunión recuerdo que él me tenía preparada una carpeta con anillas de asuntos pendientes, como si me pasara los deberes. La verdad es que me sorprendió. A continuación, hablamos de economía e intentamos no profundizar demasiado en el atentado islamista del 11-M, ni sobre mi voluntad de retirar las tropas de Irak. Por decirlo de alguna manera, los dos mantuvimos las formas porque nuestros puntos de vista estaban muy alejados en política internacional.

Creo que ambos teníamos claro que, por mucho que te comente tu predecesor, cuando se produce el traspaso, el nuevo empieza de cero y sigue su propia ruta.

Pero no es menos cierto que cuando llegas a la presidencia del Gobierno, has estado antes unos años como jefe de la oposición, en los que las responsabilidades ya pesan. En alguna ocasión he comentado que en un sistema parlamentario es casi tan importante el papel de presidente como el de líder de la oposición. Es más, el mejor termómetro para saber cómo está la política de un país es observando la disposición del jefe de la oposición, cuáles son sus prioridades, qué visión tiene del país, qué tono emplea en sus manifestaciones... Creo que anticipa mucho de lo que va a suceder.

Unos días después de aquella reunión, entrábamos con mi familia en el recinto. Mis hijas eran pequeñas y posiblemente por ello les fue más fácil adaptarse a la nueva casa y a las exigencias de seguridad que comportaba. Pero en la Moncloa se está bien, no creo que nadie pueda decir que el palacio sea un lugar ingrato, más bien al contrario. Al día siguiente de ser el nuevo inquilino, me levanté pronto por la mañana y me fui a correr ocho o nueve kilómetros, como hago a diario. Luego, cuando abrí la puerta del despacho, no tuve al entrar ninguna especie de sensación psicológica reverencial. No puedo decir que me impactara, ni que me causara ningún temor. Era mi despacho de trabajo, bastante más lujoso que el que tenía en Ferraz, pero, al fin y al cabo, solo un lugar donde estudiar y tomar decisiones, que intenté que resultara lo más agradable posible. Pedí reemplazar las sedas de las paredes por pinturas de tonos claros y elegí obras de Dalí o Miró de las que dispone Patrimonio Nacional para decorar la estancia.

Realmente, cuando te das cuenta de que tienes la principal responsabilidad del país no es cuando te instalas en la Moncloa, ni cuando cruzas la puerta de tu despacho, sino cuando presides el primer Consejo de Ministros. Recuerdo muy bien una noche, tras haber ganado las elecciones, que estábamos con Felipe González cenando en casa de una amiga común y le pregunté mucho por cómo se desarrollaba el Consejo de Ministros. Es un momento solemne que tiene su propia liturgia del poder. Es el lugar donde se aprueban los proyectos de ley y el de los presupuestos. La mayoría de las decisiones trascendentales se debaten ahí. ¿Por qué digo que es el sitio en el que el poder del presidente del Gobierno se manifiesta de manera expresa? Porque allí solo decide el presidente. Tengo presente debates muy intensos, no solo sobre decisiones puramente políticas, sino también sobre valores. Siempre es un clásico la tensión entre Economía y Hacienda y los ministerios gastadores, pero hubo un diálogo muy vivo en otros asuntos, como la adopción por parte de las parejas homosexuales o la edad en que se situaba el consentimiento del aborto, donde al final quien resuelve es el jefe del Consejo de Ministros. En esos momentos eres muy consciente de lo que significa ejercer el poder. Por cierto, aunque en la mesa se sienten hombres y mujeres con los que puedes tener una relación de amistad o simplemente de compañerismo, es la estancia donde más se guardan las formas. Es el presidente quien da el turno de palabra. Todos son muy respetuosos en cuanto al orden del día, al procedimiento que hay que seguir…; bromas, las justas.

El primer día que presidí el Consejo fue, pues, muy especial, porque se trataba del acto fundacional de nuestro proyecto político. Así lo sentí y así se lo manifesté a los ministros. Pero de la misma manera que aquel día experimenté una emoción profunda, en cambio no sentí el peso del duelo el día que abandoné el Palacio de la Moncloa. No tuve ninguna sensación de pérdida. Al día siguiente también me fui a correr, como suelo hacer cada mañana. Siempre tuve la convicción de que el poder era un bien temporal. Me apasiona la política, pero afortunadamente la política es algo más que el poder. La política es el mundo de las ideas, del discurso, del compromiso, del diálogo entre adversarios... Además, debo decir que no hay nada más atractivo que lograr cosas sin estar en el poder. Por ejemplo, cuando en la oposición eres capaz de marcar el rumbo político o de conseguir mejoras para la vida de la gente. Esa es la esencia última de la política. Lograr cosas desde el poder es relativamente fácil; el mérito real es conseguirlas cuando no lo ejerces.

Salí de la Moncloa habiendo tenido claro desde el día que llegué que ocho años era un tiempo suficiente para ser presidente del Gobierno, pero también teniendo un compromiso con mi mujer, Sonsoles, de que, pasara lo que pasase, estaría solo dos legislaturas. Y esto es algo que mis colaboradores más directos conocieron después de ganar por segunda vez las elecciones. Se lo transmití a Pepe Blanco y a Alfredo Pérez Rubalcaba: «que sepáis que esto va así». Y ellos fueron muy respetuosos. Mucha gente puede pensar que la decisión de no presentarme a un tercer mandato se debió a las consecuencias de la crisis económica, pero no es verdad. Eso me produjo cierta incomodidad, pues parecía que me faltaba coraje para afrontarlo. Y también quiero desmentir que hubiera llamadas para que lo dejara. Eso es totalmente falso. El respeto a la presidencia del Gobierno de un país como España es muy alto. No recuerdo ninguna llamada incómoda más que la del presidente George W. Bush con la retirada de las tropas de Irak. Nadie se atrevió nunca a hacerme ninguna sugerencia sobre mi futuro. Las élites económicas y sociales le tienen también mucho respeto al presidente. Eso de que recibí llamadas de presidentes del Ibex es una leyenda sin ninguna base. Otra cosa es que lo hagan por detrás, con la colaboración de algún medio de comunicación; no lo sé. Pero la gente le tiene más respeto al presidente de lo que a veces se dice o se escribe. Entre otras cosas, porque los presidentes retienen mucho poder y ante él la prudencia invita a contenerse.

La derecha en la oposición, la oposición a la derecha y el diálogo con el PP

He reflexionado en muchas ocasiones sobre el modo de hacer oposición de la derecha, esa forma tan abrupta y que con tanta frecuencia incorpora un discurso deslegitimador de los gobiernos socialistas; es un hecho preocupante y me he preguntado cuál es la causa de esta actitud.

España hizo una Transición democrática ejemplar, la necesaria después de cuarenta años de dictadura. Pero como todo en la vida, y en la historia, hay cosas que resultan evidentes aunque no nos guste aceptarlas, como que durante buena parte de los siglos XIX y XX España no fuera capaz de hacer precisamente grandes aportaciones al pensamiento democrático. Es decir, si buscas a los grandes autores que han reflexionado sobre la democracia, casi tiene que ir directamente a los años inmediatamente anteriores a la Transición; allí encuentras a figuras como Manuel García-Pelayo, que luego presidiría el Tribunal Constitucional entre 1980 y 1986, que además de jurista fue también un eminente politólogo. Es una pena, pero no disponíamos de demasiados intelectuales que hubieran contribuido a poner las bases de una democracia moderna. Más atrás en el tiempo encontramos a alguna figura de la Ilustración, como Gaspar Melchor de Jovellanos o José Cadalso. Y de la Institución Libre de Enseñanza, como Francisco Giner de los Ríos o Laureano Figuerola. Ni siquiera durante la República hay grandes referentes del pensamiento democrático más allá de Manuel Azaña o José Ortega y Gasset, por citar un par de nombres de general reconocimiento.

El problema de la derecha tradicional española es que su tendencia natural ha sido el poder, que ha pretendido patrimonializar siempre. Y que solo en la última etapa del franquismo tuvo una actitud de entender la democracia como única solución. La democracia era algo inevitable en la perspectiva europea. Y al morir Franco, ya no estaba tampoco Carrero, así que el régimen colapsó. Pero la derecha se acomodó con Adolfo Suárez, al que todos ahora admiramos como demócrata, que procedía del Movimiento. Fue un acomodo sin sufrimiento. Otros sectores sociales y políticos sí peleamos por la democracia porque veíamos en ella el triunfo de la libertad. Y gracias a la conjunción de ambas actitudes fue posible la Transición.

Pero si la izquierda es más capaz de aceptar la derrotas electorales es porque nos preocupa más cuidar de la democracia. A la derecha le gusta tanto el poder que no ha sabido cuidar con inteligencia cómo hacer oposición. Estoy convencido de que les gusta más el poder que la política democrática. Cuando a veces perdemos las elecciones o perdemos gobiernos y estamos en la oposición, les digo a mis compañeros de partido: «no hay nada más atractivo que hacer oposición». Y no se trata de una frase retórica o para animar a la tropa. Es que es verdad. La oposición exige más talento, más finura, más compromiso e incluso más lealtad a los valores democráticos. Personalmente, tengo muy buen recuerdo de los cuatro años que estuve en la oposición. Casi diría que un mejor recuerdo que cuando ejercí de presidente del Gobierno.

Y no era fácil ser el jefe de la oposición con un PP con mayoría absoluta como me tocó a mí. Creo que lo hicimos suficientemente bien como para haberle dado la vuelta a los resultados: el PP pasó de tener 183 escaños a quedar en 148, mientras que nosotros, que teníamos 125, alcanzamos los 164. Todo esto en apenas cuatro años.

Al poco de convertirme en líder de la oposición, le ofrecí al Gobierno de Aznar, con inicial desconcierto, podríamos decir, de propios y extraños, dos pactos de Estado: el Acuerdo por las Libertades y contra el Terrorismo, pues queríamos excluir a este de la confrontación política; y el Pacto por la Justicia, para incrementar la dotación de este servicio público y acordar una reforma del Consejo General del Poder Judicial que daba entrada a la participación de los jueces, fundamentalmente a través de sus asociaciones, en la elección de los doce vocales judiciales, aunque manteniendo la designación parlamentaria de los mismos. Hubo luego algunas discrepancias con el Gobierno sobre la ejecución de los compromisos adquiridos, pero esas vías de diálogo se mantuvieron.

El diálogo en algunos temas era compatible con llevar una oposición dura o muy contundente en otros. De esa etapa como líder de la oposición recuerdo especialmente el debate sobre el estado de la nación de 2002, cuando Aznar acababa de cesar a cinco ministros e intentó tomar la iniciativa en el Congreso. Aquel día hice un discurso de marcado contenido social, presentando un programa de medidas para mejorar la vida de los ciudadanos. El Centro de Investigaciones Sociológicas (CIS) llevó a cabo un sondeo posterior en el que los encuestados reconocieron ampliamente que le había ganado el debate y que resultaba un candidato creíble para ocupar la Moncloa en un futuro. Es más, el propio presidente reconoció públicamente que me había consolidado como líder socialista en aquella sesión parlamentaria.

Otro debate parlamentario muy intenso fue el que se produjo a raíz del Pacto de las Azores. No hace mucho volví a leer mis discursos sobre la guerra de Irak y no solo se aguantan, sino que en buena medida resultaron premonitorios. Por cierto, cuando Aznar había tomado la decisión de que España interviniera en el conflicto bélico, me citó en su despacho un domingo por la tarde. Recuerdo que yo venía de un acto e iba con traje, mientras que él me recibió en vaqueros y una camisa deportiva. Tuvo el gesto de decirme: «Perdona, no te he dicho que iba a estar de *sport*».

Es curioso de qué cosas se acuerda uno. Su planteamiento aquella tarde, con buenas maneras, iba en la línea de que yo entendiera que esa era una oportunidad histórica para que España entrara, yendo de la mano de Estados Unidos, en la primera división de la política internacional. Aznar pensaba que nuestro país podía ser el gran aliado del sur de Europa del amigo americano, mientras que el Reino Unido se mantendría como el aliado histórico del norte. Fui muy claro diciéndole que no lo iba a apoyar, que la intervención me parecía una locura y que tendría costes para todos. A partir de ahí se quebró la relación entre ambos de una manera muy clara. Con todo esto quiero poner en evidencia que ejercer la oposición resulta muy importante en democracia, que se puede hacer mucho trabajo y que nadie exige que su relación con el Gobierno deba consistir en un enfrentamiento continuo, hasta llegar al insulto para descalificar a quien manda.

Y aún más preocupante es ver cómo, cuando la derecha queda fuera del poder, intenta deslegitimar a quien lo ocupa democráticamente. Me ocurrió a mí y le ha pasado a Sánchez. La izquierda nunca ha cuestionado un resultado electoral en España. Ahora se vuelve a recordar lo sucedido en aquellos cuatro días de marzo 2004, cuando el Gobierno del PP alumbró una teoría de la conspiración para justificar una gestión tramposa orientada al resultado electoral. Algo que bien pudo haber sido el punto de partida del caldo de cultivo en el que volviera a germinar, y esta vez con más fuerza, la extrema derecha en España.

A pesar de que el PP hizo una dura oposición a mis gobiernos, casi indiscriminada, incluidas las leyes de nuevos derechos que contaban con apoyo social, busqué el diálogo y la negociación con ellos cuando surgió la posibilidad y la conveniencia política de hacerlo. Aunque no fue fácil.

A tenor de mi experiencia, creo que el PP, de partida, se limita mucho a sí mismo ese espacio para el diálogo como consecuencia de su propio estilo de oposición. Cuando se denuesta tanto al adversario, algo que ocurrió con Felipe, conmigo, y ahora con Sánchez, seguramente más que nunca con Pedro Sánchez, es muy difícil poder justificar ante los tuyos y ante quienes te apoyan que dialogas, negocias y, en su caso, llegas a acuerdos, con *alguien como él*. Muy difícil.

Yo con Mariano Rajoy no tenía problemas para dialogar, es una persona asequible y educada. Es un conservador, lo es seguramente en todos los sentidos de la palabra, pero no es un radical. Sin embargo, era evidente que el clima de su entorno era completamente desfavorable a escenarios de acuerdo con mi Gobierno. Me preocupé de que estuviera informado del proceso de diálogo con ETA, pero él tuvo intervenciones muy duras en el Parlamento. Su grupo decidió también hacer de la confrontación directa con mi política territorial una de las claves de su tarea de oposición. Pero es que la economía iba bien, mi Gobierno era ambicioso y se producían avances sociales; entonces ellos se refugiaron en esa oposición dura, con la tentación permanente de utilizar en el debate político el terrorismo y una idea arrojadiza de España y de la Constitución. El ingrediente más indigesto que completaba ese guiso, y el más nocivo en términos democráticos para el país, fue la sombra de ilegitimidad vertida por los defensores de la teoría de la conspiración del 11-M.

Y es que cuando está en la oposición el PP lo fía todo al desgaste del gobierno socialista de turno, y lo pone todo al servicio de ese desgaste. Más que una verdadera opción política alternativa, ha sido y es una opción de recambio democrático de los gobiernos socialistas. Esto es, conquistan el poder cuando nosotros hemos sucumbido, por unas razones u otras, a ese desgaste. No tanto por méritos propios. Mientras que los socialistas, cuando estamos en la oposición, quizá porque quienes creemos más en el progreso creemos más en la política, nos trabajamos la elaboración de la alternativa. El resultado que confirmaría esta distinta actitud es el de que la gran mayoría de las reformas, de los avances, se deben a nosotros. Y no tendría por qué ser necesariamente así. Habría que hacer un análisis comparativo del desempeño reformista de la derecha española con el de otras fuerzas conservadoras europeas...

Lo cierto es que, frente al Gobierno que yo presidía, la oposición solo levantó el pie en los últimos meses de mi mandato, cuando ellos ya atisbaban claramente su regreso al poder. En ese contexto hay que entender seguramente, aunque le presumo también buena fe, la reacción de Rajoy al comunicado de ETA de su renuncia a la violencia, y la rapidez con la que aceptaron mi propuesta de reformar la Constitución para introducir la regla de la estabilidad presupuestaria. Esos fueron, en todo caso, dos puntos de encuentro importantes.

Lo de la reforma constitucional lo he intentado explicar en otro lugar. Lo diré una vez más: no nos fue impuesta por nadie, más allá de que resultara necesario lanzar alguna iniciativa que nos permitiera aliviar la presión de los mercados en aquellos aciagos e inquietantes meses de la vuelta a la recesión en 2011. Aciagos e inquietantes ante la pasividad del BCE y una reacción europea, y asumo mi parte de autocrítica, que no supo interpretar (hoy lo sabemos bien, ya lo hemos comentado) las carencias del modelo de la Unión Económica y Monetaria y darles otra respuesta.

La reforma del artículo 135 era una medida que, lejos de agravar las consecuencias de la crisis, nos permitía conjurar los peores riesgos que se cernían sobre la autonomía económica de España, ante la amenaza de una intervención, que por entonces llegó incluso a ser política, como tal vez se recuerde, en el caso de Italia y Grecia. Nosotros consagrábamos en la Constitución algo a lo que ya estábamos obligados por nuestra pertenencia a la Unión, pero enviando un mensaje muy oportuno de estabilidad, por ser el fruto de un acuerdo suscrito por las dos fuerzas de gobierno españolas, muy mayoritarias en el Congreso de los Diputados en aquella legislatura.

Vi, pues, una oportunidad en ese acuerdo. Una oportunidad para nuestro país, ya que era muy consciente de que para el PP era políticamente más fácil suscribirlo que para mi partido. Rajoy tardó solo unas horas en darme su conformidad y Alfredo Pérez Rubalcaba, sin embargo, me hizo ver lo difícil que iba a ser aquello para los socialistas; él era nuestro candidato, el que debía gestionar y explicar la reforma en ese momento, a unos pocos meses de las elecciones. Por eso, siempre que he tenido ocasión he agradecido el apoyo de mis compañeros a aquella iniciativa, y, en particular, a él, a Alfredo, que puso todo su empeño, además de su lealtad, en explicarla y defenderla.

Y me viene ahora a la cabeza, hablando de reformas constitucionales, que yo propuse en mi discurso de investidura de 2004 estudiar una reforma de la Constitución respecto de algunos aspectos concretos, sobre los que se solía invocar la conveniencia de introducir cambios en nuestra Ley Fundamental, empezando por la supresión de la injustificable preferencia del varón sobre la mujer en la sucesión a la Corona. Promovimos, para facilitar un posible consenso, una reforma de la Ley del Consejo de Estado con el objeto de atribuirle la competencia de elaborar un estudio que contara con la colaboración de diversos especialistas, y designé al frente de ese órgano a un muy prestigioso constitucionalista, Francisco Rubio Llorente. El Consejo de Estado cumplió su encargo y elaboró un sesudo análisis abriendo diversas posibilidades de cambio. Mi esperanza al inicio del proceso era, como digo, la de que sobre la base de ese estudio independiente pudiera fraguar un consenso político. Esperanza vana. El informe del Consejo de Estado fue entregado en 2006. Convoqué a Rajoy a una reunión en la Moncloa para entregárselo y explorar la posibilidad de abrir un diálogo sobre él. Fue claro: «Lo puedes dejar en el cajón, no vamos a entrar en eso ahora». Ese era el PP de la confrontación global desde la oposición. Ese era el clima político, y la respuesta de Rajoy no me sorprendió.

Del 11-M al 14-M

Durante mi etapa de oposición procuré mantener una actitud constructiva, incluso llegué a categorizar esa oposición como una «oposición útil».

Un momento decisivo en mi actitud personal como líder de la oposición fue la que mantuve entre los días 11 y 14 de marzo de 2004. El día del atentado mantuve una conversación telefónica con Aznar. Lo llamé no tanto para indagar sobre la autoría sino para proponerle que hiciéramos una reunión conjunta con el resto de fuerzas políticas, para dar sensación de unidad, pero lo rechazó de plano. Se limitó a responderme de forma tajante y poco acogedora que convocaría una manifestación y que «el que quiera venir, que venga». Entonces, llamé a Mariano Rajoy, que era el candidato, para convencerle de hacer algo juntos, pero me respondió con estas palabras: «convéncele tú si puedes». Ya no volví a hablar ni con Aznar ni con Rajoy. Quien me llamó al día siguiente fue Ángel Acebes, en calidad de ministro de Interior, que me insistió en que todos los datos situaban a ETA tras el atentado.

Estoy convencido de que la autoría etarra se descartó más pronto que tarde. De hecho, horas después de los atentados la policía ya había registrado en Alcalá de Henares una furgoneta donde encontraron un móvil, detonadores y una cinta comercial con una carátula árabe. Casi al mismo tiempo, Arnaldo Otegi, como líder de Herri Batasuna, hizo una declaración pública en la que condenaba el atentado y negaba con rotundidad que fuera obra de ETA.

En un primer momento, cuando el Gobierno lo atribuyó al terrorismo etarra, no quise precipitarme; me limité a leer tres líneas de un comunicado que redactamos desde la sede del PSOE poco antes de las dos de la tarde para pedirles a los ciudadanos serenidad y unidad, y advertir que los asesinos buscaban el enfrentamiento entre nosotros y que los terroristas debían saber que sus crímenes eran tan atroces como inútiles.

Hay que recordar que el lendakari vasco Ibarretxe, que había recibido una llamada de Alberto Ruiz-Gallardón, alcalde de Madrid, asegurándole que el atentado era obra de ETA, hizo una declaración institucional en los primeros momentos en los que calificaba de alimañas y asesinos a los miembros del comando etarra que supuestamente había cometido aquella matanza. Sin embargo, al mediodía, tanto Mariano Rajoy como José María Aznar mandaron mensajes institucionales en los que curiosamente no se mencionaba a ETA. Por la tarde, en cambio, el presidente del Gobierno llamó a los directores de los principales periódicos del país asegurando que ETA había perpetrado la matanza. Y Acebes hizo al tiempo una rueda de prensa en la que afirmaba no tener duda sobre que había sido la banda terrorista vasca.

Al día siguiente, se vio que el Gobierno había dado una información falsa, intentando aguantar su tesis inicial. Incluso supimos que la ministra de Exteriores, Ana Palacio, había confirmado a los embajadores la autoría etarra. Pero el viernes, la prensa internacional ya señalaba a Al Qaeda. Y la Policía española iba acumulando pruebas en este sentido, sin que el Ejecutivo quisiera admitirlo. El día 13, en plena jornada de reflexión, aún Aznar salió a decir que a ningún español le podía extrañar que fuera ETA, cuando *The New York Times* llevaba la autoría islamista en portada. El Gobierno incluso retrasó todo lo que pudo el hallazgo en una papelera de un vídeo donde Al Qaeda reivindicaba el atentado de Madrid.

Recuerdo que me llamaron indignados Felipe González y Javier Solana para recomendarme que hiciera una declaración pública sobre la manipulación de los hechos. Pero en la víspera de las elecciones me pareció que debía ser prudente y preferí que fuera Alfredo Pérez Rubalcaba, portavoz del PSOE, quien la realizara. En el comunicado decía que los ciudadanos españoles merecían un Gobierno que no les mintiera y que les dijera siempre la verdad, y reconocía el trabajo de las fuerzas y cuerpos de seguridad del Estado, concluyendo que, solo por sentido de Estado y respeto a las víctimas, el partido socialista había permanecido callado.

A mí me preocupaba el hecho de que la agitación subiera de tono cuando se consolidara la idea de que no había sido ETA y la gente se diera cuenta de que el Gobierno podía haber faltado a la verdad con sus declaraciones públicas para obtener provecho político. Eso me causó una preocupación enorme porque se evidenciaba una división del país, que se percibía en la calle, cuando el viernes día 12, millones de personas salieron a las calles de todas las ciudades españolas para condenar el atentado y mostrar su solidaridad con las víctimas.

En Madrid hubo una manifestación impresionante, donde ya era notoria la indignación de muchos ciudadanos que empezaban a no creer la versión oficial. Yo llegué en un coche oficial, un Audi, como si fuera un alto cargo, para acceder a la primera fila de la marcha, tras la pancarta unitaria. Como la gente pensó que era el auto de un miembro del Gobierno, abuchearon la llegada del vehículo, pero cuando me vieron bajar, la misma gente que nos insultaba se puso a aplaudir.

En definitiva, en esos tres días dolorosos y cruciales, hice solo una comparecencia pública en la que junto a la condena asumí la tesis inicial sobre la autoría de ETA, fundado en la buena fe y en la actitud de apoyar al gobierno basado en respetar el Pacto por las Libertades y contra el Terrorismo. Llamé también al Presidente del Gobierno y al candidato del PP para proponerles una reunión conjunta de todos los partidos políticos y decidí no hacer ninguna comparecencia pública más, tampoco el día de reflexión, a pesar de que los hechos ya se conocían.

Una de las cosas que en determinados medios de la derecha se han repetido es que aquel atentado fue decisivo para el resultado de las elecciones, pero esta apreciación me parece injusta. Es verdad que hubo concentraciones de mucha gente ante la sede del PP de la calle Génova, los dos días anteriores de la fecha electoral. Pero eso me preocupaba más que otra cosa. Es más, hablé con Pepe Blanco y con Cándido Méndez para que impidieran que la gente fuera allí para evitar cualquier enfrentamiento. Siempre pensé que aquello no nos beneficiaba en nada. Lo hablé con Pablo Iglesias años después y me confesó que el mensaje de «pásalo» de la convocatoria del 13 de marzo de 2004, en plena jornada de reflexión, fue obra suya, aunque se gestó con otros colegas suyos en su facultad de Ciencias Políticas de la Complutense. Me explicó que se las vieron y desearon para que su mensaje cupiera en el número de caracteres previsto y generara el efecto *flashmob*. De modo que, muchos años después, me enteré de que Iglesias fue el autor intelectual del SMS que recibieron miles de personas y que decía: «¿Aznar de rositas? ¿Lo llaman jornada de reflexión y Urdaci trabajando? Hoy 13-M, a las 18 horas. Sede PP, calle Génova 13. Sin partidos. Silencio por la verdad. ¡Pásalo!». Aquel mensaje que envió por la mañana a solo diez personas, que a su vez lo fueron replicando, se convirtió en un elemento de movilización de mucha gente. Era un gesto casi a la desesperada para reclamar el derecho a saber la verdad ante un atentado en el que habían muerto 191 personas.

He combatido políticamente mucho en mi vida, he hecho centenares de mítines, he recorrido toda España y creo saber detectar los climas políticos. Mi experiencia me dice cómo está el ambiente electoral. Y en aquella campaña de 2004 no tuve ninguna duda de que íbamos a ganar las elecciones. La gente aplaudía con entusiasmo, con un entusiasmo y una fe en la victoria crecientes. Y los mítines influyen, son un termómetro de la temperatura electoral. Recuerdo un acto que para mí resultó muy revelador: se organizó en el Consejo Superior de Investigaciones Científicas (CSIC), donde expliqué mi programa en materia de innovación y ciencia. Estaba abarrotado de investigadores, a los que se les veía entusiasmo en los rostros. ¡Parecía un acto de partido y era una charla en el CSIC! De hecho, las encuestas reflejaban a diario que había una corriente de fondo que nos favorecía. Pero, además, a veces se olvida que mucha gente, cuando la situación está políticamente caliente, no se expresa hasta el último momento, y esto ya se captaba aquellas semanas previas a la convocatoria electoral. En cambio, cuatro años antes, la campaña había tenido escaso interés, porque las cartas estaban repartidas. Por utilizar una metáfora, resultaba casi un partido amistoso, sin verdadera tensión electoral.

El día de las elecciones, el 14 de marzo, al mediodía, las encuestas a pie de urna nos daban claramente por ganadores. Al poco tiempo de empezar el recuento, al conocerse el resultado de las encuestas «israelitas», me llamó Eduardo Zaplana para decirme: «Habéis ganado, enhorabuena, presidente». También hablé con Aznar, que se puso serio y protocolario y me habló de la gran tarea que tenía por delante.

Es curioso que ganamos las elecciones y lo que se produjo fue un intenso debate sobre el atentado del 11-M, producido bajo el Gobierno anterior, que acabó derivando en una comisión de investigación en el Congreso de los Diputados, que nosotros por cierto aceptamos de buen grado, incluida mi comparecencia ante ella para someterme a las preguntas de los líderes de las fuerzas políticas. Por cierto, me choca que ahora a alguien le sorprenda que se pueda pedir una comisión de investigación por los atentados de las Ramblas. ¿Que ahora quienes la piden son los independentistas? Están en su derecho.

El abrazo con Pedro Sánchez

Llegados a este punto, me gustaría explicar por qué decidí implicarme a fondo en las elecciones del 23-J, cuando las encuestas que aparecían en la prensa no nos eran favorables a los socialistas y la derecha hacía declaraciones en las que claramente se percibía que ya se veían a sí mismos ocupando el poder. Casi diría que lo estaban disfrutando a destiempo. Pedro Sánchez se refiere a esta implicación mía en su libro *Tierra firme*, cuando me agradece que bajara a la mina, y explica cómo nos coordinamos para la campaña. Mi reflexión arranca tras los resultados electorales de las municipales y las autonómicas, que no nos fueron bien y con el debate que se había producido en torno a EH Bildu, ETA y la referencia al «sanchismo». La derecha intentó crear un relato que era una injusticia absoluta para el Partido Socialista y para la democracia española, muy especialmente con la referencia a ETA. Un día oí a Feijóo interpelar a Sánchez en el Senado diciendo: «Usted trata mejor a los verdugos que a las víctimas del terrorismo». A mí aquello me evocó la frase de Rajoy en la que proclamó desde la tribuna del Parlamento, dirigiéndose a mi persona: «Usted ha traicionado a los muertos del terrorismo». Creo que es la peor frase que me han dedicado nunca en toda mi trayectoria política. Cuando oí las palabras de Feijóo, salté como un resorte. Había estado toda la campaña anterior conteniéndome, mientras el PP seguía machacando con ETA, doce años después del fin de la lucha armada. Solo hice entonces una declaración que me pidió Ferraz desde Valencia, contestando a Aznar.

Recuerdo que estaba en casa cuando vi a Feijóo. Había pasado toda la campaña de las municipales y autonómicas incómodo. No pensaba que el relato del PP fuera a tener el efecto que tuvo. Así que el mismo día que Sánchez anunció la disolución de las Cortes, llamé a mi secretaria Gertrudis y le dije: «Limpia la agenda, que me voy a dedicar a la campaña». Hablé con Santos Cerdán, el secretario de Organización, y le manifesté mi voluntad de participar activamente. También se lo hice saber al presidente. Era mi retorno a la trinchera.

La entrevista que hice en la COPE con Carlos Herrera fue el pistoletazo de salida. Pensé muy bien lo que iba a decir, qué ideas iba a lanzar y qué mensaje quería que quedara de mis palabras. El PSOE estaba afectado por el discurso del PP, que remachaba Vox con estruendo. La derecha de este país tiene una capacidad de trasladar críticas, de intimidar, muy grande. El discurso contra Bildu había desestabilizado a muchos militantes. Así que en la COPE afirmé claramente que «bajo mi Gobierno terminó ETA, se rindió y se entregó». Y subrayé que en la historia iba a constar así. No había pasado con el Gobierno de Aznar, aunque lo intentara, sino con el nuestro.

Lo reivindiqué y declaré que me sentía extraordinariamente orgulloso de ello.

Herrera me apretó en la entrevista, como correspondía, auque reconozco que estuvo educado y me dejó hablar con extensión. La verdad es que siempre he tenido una buena relación con él. A menudo nos mandamos mensajes sobre asuntos de actualidad. Después, un directivo de la COPE me comentó que nunca tantos medios les habían pedido la entrevista para hacer sus cortes a fin de pasarlos en radios y televisiones. Al día siguiente había un aluvión de visualizaciones en YouTube. Y es que lo de las entrevistas es como lo de los mítines. No necesitas esperar mucho para saber si el mensaje ha llegado o no a la gente. Tú eres consciente de si ha ido bien, pero en media hora tienes la justa medida de su impacto.

Al salir de la COPE, miré el móvil en el coche y estaba lleno de mensajes, todos muy favorables. El propio presidente Sánchez me mandó un wasap felicitándome. Luego me enviaría un par de ellos más: uno después de la entrevista con Xabier Fortes en TVE, que también tuvo mucho impacto, donde pregunté qué era eso de derogar el sanchismo, que si se trataba de derogar el nuevo salario mínimo o la mejora de las pensiones; tuvo tres millones de impactos en Twitter y más de un millón en Instagram en apenas veinticuatro horas. El otro fue tras mi intervención en *Al Rojo Vivo*, con Antonio García Ferreras, con quien tengo muy buena relación, pero que resultó muy tensa porque me puso un vídeo de Feijóo sobre las insinuaciones acerca de las manipulaciones en el voto por correo, donde pedía a los carteros que no hicieran caso de sus jefes y repartieran los votos dentro de plazo. Pero no era el vídeo original, sino una rectificación posterior lo que pasó Ferreras, así que insistí para que viéramos el primero, cosa que causó incomodidad. Ante mi reiteración, la redacción lo buscó y finalmente lo puso en antena.

A medida que avanzaba la campaña fui dándome cuenta de que, entre todos, le estábamos dando la vuelta a la situación. En el mitin de La Coruña, en el de Gijón, en el de Granada, en el de Jaén y en tantos otros en los que intervine se respiraba entusiasmo y ganas de remontada. Al final, los mítines los hace la gente. Tú llegas y, según cómo ves a la gente, sabes si te va a salir bien. Existe un cordón umbilical entre el público y el escenario que lo convierte en un chute de adrenalina colectivo, si el clima es favorable. Esto no se fabrica ni se imposta. Soy capaz de notar cómo han subido los decibelios de afecto del principio al fin de un acto, si he sabido transmitir bien el mensaje.

La verdad es que vivimos una experiencia única en la campaña. Pedro Sánchez nos había sorprendido a todos cuando anunció que disolvía el Parlamento para convocar elecciones. A mí me llamó Pepe Blanco a las ocho de la mañana para comunicármelo. Y yo le respondí: «Me parece un gran acierto, es una decisión que demuestra una gran inteligencia política». Lo dije así porque todas las decisiones políticas que son atrevidas, arriesgadas, tienen un gran valor. Resultan algo intangible: la audacia, si está bien formulada, si no es un impulso irreflexivo, es percibida positivamente por los ciudadanos. Seguramente, es la mejor decisión estrictamente política que ha tomado Sánchez. El resultado del 23-J nos compensó y nos reconfortó de las derrotas en determinadas comunidades y alcaldías que habíamos sufrido en las munipales y autonómicas. Milagros Tolón, que había sido alcaldesa de Toledo, una excelente gestora por cierto, y que no pudo repetir en el cargo por el pacto PP-Vox, me mandó un mensaje en el que, además de felicitarme por mi implicación en la campaña, me decía que el resultado de las generales le había aliviado su derrota y la había reconciliado con la política.

De cara al desarrollo de la Legislatura no va a ser fácil poner de acuerdo a tantos grupos políticos para ir alcanzando las mayorías necesarias en el Congreso. El liderazgo de Sánchez será crucial para que el proyecto progresista y de intenso diálogo territorial salga adelante.

Sánchez ha demostrado saber jugar sus cartas mejor que Feijóo. Y tiene claro que después de superar la violencia de ETA, el Estado tiene una asignatura pendiente en Catalunya. Me parece que ha acertado encarando este asunto. Los conflictos como el catalán hay que abordarlos, porque, si se dejan pasar, acaban resurgiendo, aunque el independentismo se encuentre en horas bajas. Soy de los que está convencido de que el riesgo en política, por cosas que merecen la pena, suele tener recompensa. La tendrá la valentía mostrada por Sánchez planteando la amnistía y reconociendo los diferentes aspectos de la identidad catalana. No puedo dejar de pensar que eso ocurrió con nuestro empeño en poner fin a la actividad terrorista de ETA, en el que perseveramos, asumiendo riesgos políticos, a pesar de las dificultades y de los reveses que nos encontramos en el camino. En política, las decisiones importantes hay que tomarlas con valentía, porque sabes que, como siempre hay factores incontrolables, luego las cosas te pueden salir bien o no. La alternativa, en la comprensión del liderazgo político, sería una opción absolutamente conservadora, más psicológica que ideológica: dejar pasar el tiempo y esperar a que las situaciones se arreglen o estabilicen por sí solas. Tal vez la que haya encarnado Rajoy. Pero en mi opinión, los ciudadanos te eligen para que hagas lo que no está a su alcance, para que te juegues el tipo ante los problemas.

La socialdemocracia no pasa por su mejor momento. Por eso, que un líder socialdemócrata europeo, al frente de un país grande, haya podido mantenerse en el poder tiene una gran importancia. El PSOE ha demostrado ser un partido rocoso. Y Sánchez es un político rocoso, al que no he visto afligirse nunca ante una crítica. Esta es una cualidad muy importante en un líder. Yo creía poseerla, pero él es aún más resistente. Y resiste porque seguramente está persuadido de que el que resiste vence. Sabe que enfrente hay personas que van a por él, diga lo que diga, haga lo que haga. Y lo importante es no dejar que te doblen el brazo, clavar los pies en el suelo. Durante la campaña electoral pude hablar bastante con él: es un tipo de acero inoxidable. Nunca he conocido a un político con su determinación: cuando ha decidido algo, va hasta el final sin que le tiemble el pulso. Pero también puede ser sensible y agradecido. Me llamó al día siguiente de las elecciones, el lunes por la mañana, y me pidió: «Vente a Moncloa, a eso de las cuatro y media, y conversamos mientras tomamos un café». Me recibió con un fuerte abrazo diciéndome: «Oye, nunca te agradeceré bastante lo que has hecho. Gracias».

La democracia parlamentaria consiste ante todo en sumar una mayoría de gobierno en el Congreso, y el PSOE ha sabido hacerlo para alcanzar la investidura. Ha sabido concertar fuerzas políticas muy diversas, algunas de las cuales hacen de esa diversidad su divisa, mientras que la derecha no ha podido conseguirlo en ningún momento al ir del brazo de la extrema derecha.

Aunque a veces parece que se nos olvida, la democracia es eso: saber pactar. No entendí que Feijóo quisiera forzar una investidura que sabía de antemano que sería fallida. Me pareció agudo Enric Juliana cuando escribió que había sido la primera vez en democracia que una investidura se había convertido en una moción de censura a un Gobierno que ni siquiera había empezado su singladura. Aunque luego hemos sabido, por boca del propio Feijóo, que el PP exploró el acuerdo con Junts mientras demonizaba al PSOE por buscarlo.

Las lecciones del 23-J serían, pues, que nunca nada está perdido, que la audacia es un valor político y que todos podemos contribuir a la victoria.

EL DIÁLOGO EN LOS CONFLICTOS

Un té con Merkel en Barcelona

Zapatero es profundamente europeísta. Y para la historia de la Unión Europea (UE) quedará que, siendo presidente del Gobierno, España fue el primer país en aprobar —y por referéndum— la Constitución europea, que definía los valores, los objetivos y las competencias de la UE. La Carta Magna fue rechazada por franceses y holandeses, temerosos de perder soberanía nacional, lo que la hirió de muerte, pero afortunadamente sus principios esenciales quedaron reflejados en el Tratado de Lisboa. El periodista Marcello Foa, corresponsal político de Il Giornale*, escribió al poco de llegar José Luis Rodríguez Zapatero y Angela Merkel al poder: «No subestiméis a Angela Merkel, ni tampoco a Zapatero. Solidez y fantasía. En Berlín y Madrid está naciendo una nueva Europa».*

Ambos políticos se conocieron en Barcelona. Fue en una tarde de domingo, el 27 de noviembre de 2005, cuando coincidieron durante la Cumbre Euromediterránea, en el Centro de Convenciones Internacional. La canciller acababa de tomar posesión de un Gobierno de coalición entre democristianos y socialdemócratas y quiso estar presente, entre otras razones, para conocer al presidente español. Durante tres cuartos de hora estuvieron reunidos en un despacho y Zapatero recuerda que le dijo, mientras tomaba un té, que sabía de su amistad con su predecesor Gerhard Schröder y que deseaba mantener una relación amistosa del mismo nivel. Ella incluso le recordó que su mentor había sido Helmut Kohl, quien el primer día que conoció a Felipe González se convirtió en uno de sus mejores amigos, más allá de sus diferencias ideológicas, hasta el punto de que tal complicidad permitió estrechar las relaciones entre ambos países. El encuentro fue bien, pero lo que había resultado ser una relación prometedora no acabó nunca de ser el principio de una bonita amistad.

Con quien sí existió esta complicidad fue, en efecto, con Schröder. Pero también con Jacques Chirac, a quien Zapatero califica como el último gran presidente de Francia. No es casualidad que Chirac invitara al primer ministro español, de común acuerdo con la oposición socialista, a pronunciar un discurso en la Asamblea Nacional francesa el 1 de marzo de 2005, privilegio concedido antes únicamente al rey Juan Carlos. Ni González, ni Aznar gozaron de este honor. La figura moderna en las formas de Zapatero, directa en el trato y progresista en lo ideológico, había despertado gran interés en Europa. El periodista Javier Valenzuela, que fue director de Información Internacional en la Moncloa, relató en un libro que el 14 de septiembre de 2004, siendo Madrid el escenario de la primera cumbre entre Zapatero, Chirac y Schröder, estos quisieron hacerse una fotografía juntos que era en sí misma un mensaje, en tanto que alternativa a la imagen de Bush, Blair y Aznar en las Azores. E invirtiendo la famosa burla de Donald Rumsfeld, secretario de Defensa de Estados Unidos, que se había referido a Alemania y Francia como «la vieja Europa» por su oposición a la invasión de Irak en 2003, Zapatero declaró: «La vieja Europa está como nueva». Todo un golpe bajo a Rumsfeld, sin duda, a quien Richard Nixon ya había llamado «pequeño cabrón despiadado» cuando solo era un joven asesor sin escrúpulos de la Casa Blanca.

Seguramente, del trío de las Azores, con quien mejor se llevó fue con Tony Blair, lo que tiene su lógica por cuanto compartían su condición de socialdemócratas. Desde el primer día, hablaron mucho sobre ETA y el IRA. Con ocasión de un desayuno en el 10 de Downing Street, en verano de 2005, tras haber sufrido Londres los efectos del terrorismo yihadista, un año después de haber atentado en Madrid, le explicó confidencialmente que esperaba en las horas siguientes que el IRA anunciara públicamente que abandonaba las armas y abrazaba el proceso político, aunque sin disolverse ni pedir perdón. Entre los Acuerdos del Viernes Santo, que dieron comienzo al proceso de paz, y aquel comunicado final habían transcurrido siete años. Zapatero, que mantenía abierta la vía del diálogo con el entorno de ETA, fue consciente en aquel momento de que el fin de la organización no sería todo lo rápido que hubiera deseado.

También la política italiana vio en Zapatero un valor en el que mirarse, pero no era el caso de Silvio Berlusconi, un político que estaba en las antípodas del presidente del Gobierno español en casi todo, menos en su encanto personal. Sin embargo, Berlusconi, que había manifestado su amistad con Aznar —incluso fue a la boda de su hija—, aspiraba a que España e Italia mantuvieran las tradicio-

nales buenas relaciones. Zapatero tenía un as en la magna para ganarse la complicidad del inquilino del Palacio Chigi: le dijo que quería que Roma fuera el escenario de la firma solemne de los jefes de Estado y de Gobierno del texto de la Constitución de Europa, si se conseguía su aprobación. No era una idea sin base: el Tratado de Roma de 1957, que era el texto fundacional de la construcción europea, se había rubricado también en la capital italiana. La satisfacción de Berlusconi no pudo ser mayor, se abrazaron y las relaciones no conocieron ningún problema.

Precisamente en Roma, y en el inicio de su mandato, Zapatero quiso visitar a Juan Pablo II, una de las personas que había contribuido a la caída del muro, y, por lo tanto, a la formulación de una nueva Europa. El presidente es una persona agnóstica, pero más allá de su laicismo y de que impulsara reformas sociales en profundidad que se apartaban de la doctrina de la Iglesia, era plenamente consciente de la importancia del catolicismo en la sociedad española y, sobre todo, de la relevancia de la figura de Juan Pablo II. Cuando lo visitó el día que principiaba el verano de 2004, el pontífice estaba debilitado por la enfermedad del Parkinson, pero aun así mantenía su actividad en la medida de lo posible. Al encuentro con Zapatero en el Vaticano dedicó veinte minutos y estuvo muy atento. Solo saludarlo exclamó que era muy joven —el expresidente tenía entonces 44 años—, lo que mereció la pregunta de si eso era malo. El papa contestó que era muy bueno, que España tenía la suerte de contar con un presidente joven para poder abordar los retos de los nuevos tiempos. Fue entonces cuando Zapatero le replicó que Su Santidad había sido muy valiente al denunciar la guerra de Irak, lo que había sido una luz para millones de personas en todo el planeta. «No hay nada peor que la guerra», añadió el pontífice. Acto seguido, leyó un mensaje cariñoso con los reyes y con España, habló de la importancia de la familia, añadió que rogaría para que el país conservara sus raíces católicas y mostró su voluntad de paz y de erradicación del terrorismo.

No hubo ninguna crítica a las reformas legislativas que había prometido llevar adelante el Gobierno en materias como el feminismo, el aborto, el matrimonio homosexual o la aceleración de los trámites del divorcio. No obstante, algunas agencias de prensa se inventaron una presunta filípica vaticana contra el Ejecutivo, que nunca se produjo, seguramente para contentar a la Conferencia Episcopal, que era muy vehemente con estas cuestiones por aquellos días. Fue una falsedad, que Zapatero se negó a desmentir con ningún comunicado. Aquel papa sufriente había estado afectuoso y conciliador, pero no hay peor periodista que el que viaja con la crónica escrita de antemano. Como dice un adagio periodístico, «no dejes que la realidad te estropee una buena noticia».

No sucedió lo mismo con Benedicto XVI, con quien el expresidente tuvo ocasión de encontrarse en cuatro ocasiones: en las tres visitas del pontífice a España —concretamente a Barcelona, Valencia y Madrid— y en una que Zapatero hizo a la Santa Sede. Como curiosidad, en el viaje papal a Valencia, Joaquín Navarro-Valls, un español miembro del Opus Dei, que fue portavoz del Vaticano durante veintidós años, criticó duramente a Zapatero ante la prensa porque haber anunciado que presentaría sus respetos al pontífice pero que no asistiría a la misa que iba a oficiar. No estuvo especialmente acertado Navarro-Valls cuando se envalentonó en su perorata, hasta el punto de compararlo con dictadores comunistas que tampoco habían participado en celebraciones eucarísticas, como Fidel Castro en La Habana o Wojciech Jaruzelski en Varsovia. Benedicto XVI no le recriminó al presidente español que no asistiera a misa, pero sí que insistió en su idea de que el modelo de familia debía estar basado en el matrimonio de un hombre y la mujer para tener hijos, mostrando su desacuerdo con que los homosexuales tuvieran este mismo derecho. La respuesta de Zapatero fue tan clara como deferente, afirmando tener un gran respeto por esta visión de muchos católicos españoles, pero defendiendo que otros colectivos, como los homosexuales, también compartían el derecho de formar una familia si lo deseaban y que un Estado de derecho debía garantizarles esta posibilidad. Se hizo un silencio que pareció infinito. Así que fue Zapatero quien cambió de tercio, llevando la conversación a la actualidad internacional, desde la malnutrición infantil en el cuerno de África hasta las revueltas de la Primavera Árabe, pasando por el ascenso de las ideologías xenófobas en Europa, donde resultaba más fácil entenderse. «Creo, Santidad, que la lucha por la paz y contra el hambre son asuntos en los que podemos trabajar juntos.» El papa asintió con la cabeza.

El paso por el Palacio de la Moncloa de José Luis Rodríguez Zapatero supuso un salto adelante en derechos colectivos, muchos de los cuales tuvieron su reflejo en los cambios legislativos de muchos estados de la UE. En el PSOE de Zapatero influyó en sus inicios el laborismo británico, pero pronto se distanció de las políticas de Toni Blair. En el verano de 2000 fue invitado como nuevo líder socialista a unas jornadas sobre la Tercera Vía en la capital británica, donde también iban a disertar Blair y Bill Clinton. Pero estaba convencido de que la nueva sociedad española reclamaba otras formas de hacer política, así que declinó estar en Londres y, en cambio, participó en unas sesiones de la universidad Autónoma de Madrid, a las que asistieron Zygmunt Bauman, Benjamin R. Barber y Félix Ovejero. Allí acabó por tomar forma su proyecto político. Zapatero era consciente de que los socialistas necesitaban una regeneración, que pasaba por un cambio de práctica política y de programa. El nuevo socialismo de inspiración republicana proponía un nuevo papel del Estado y un fortalecimiento de las relaciones con la sociedad civil. Había nacido el socialismo cívico. Luego en el poder, las primeras leyes que promovió fueron la ley integral de la violencia de género, la ley del matrimonio homosexual, la ley de dependencia y la ley de igualdad. Poco después aprobó una ley de Educación en la que intentó promover los valores sociales y el conocimiento de los derechos humanos.

En una reciente entrevista, Zapatero declaraba que el PSOE ha hecho grandes reformas en España, por las que los socialistas habían sido denostados, proscritos y calificados de traidores a España, a la moral, a la ley y al orden, pero, curiosamente, cuando el PP llegó el poder, disfrutó de ellas y nunca las reformó.

Zapatero ha sido el hombre del talante. Aterrizó en el escenario internacional repitiendo su mantra de «talante, talante, talente»; su inicial, la Z, se convirtió en un signo de progreso como la marca de El Zorro, y su ceja en forma circunfleja, en un símbolo desenfadado de hacer política. El tiempo le ha dado la razón en muchos aspectos. Su figura ha crecido con el tiempo. Para nada es un jarrón chino, cabe en todas partes. Que se lo digan a Pedro Sánchez.

En cuando a la UE, Zapatero piensa que esta ha perdido ambición, pero está convencido de que no hay alternativa a más Europa, de la misma manera que cree que, más pronto que tarde, el Reino Unido volverá a llamar a la puerta de Bruselas: «Lo fantástico de la política, cuando el marco es la democracia, es que las cosas pueden cambiar rápidamente. Ahora mismo resulta evidente que Gran Bretaña está deseando volver a la Unión». Si hay dos conceptos que definen al expresidente son «optimismo» y «europeísmo».

M. C.

La autoridad moral de Europa

Europa ha sabido conservar virtudes esenciales en lo que podríamos llamar la evolución histórica de los valores democráticos. Ahora, esta concepción parece acosada por un populismo de derechas, pero lo cierto es que la voluntad de unión política ha salido reforzada tras la pandemia, donde se ha visto que no solo ha sido una plataforma indispensable para luchar contra la Covid-19, sino que también ha facilitado la recuperación económica de sus países miembros.

La Unión Europea supone el estadio civilizador más avanzado que ha conocido la humanidad, donde conviven 27 naciones y 24 lenguas, que, si fructifican los esfuerzos de España, pueden llegar a ser 27, al incorporarse el catalán, el vasco y el gallego, lo cual sería extraordinario. Además, acoge culturas diferentes, que han podido desarrollarse sin problemas en el marco europeo.

Y hemos sabido dejar atrás una trayectoria de guerras desde el Imperio Romano hasta la Segunda Guerra Mundial. El Tratado de Roma de 1957, que firmaron Alemania Occidental, Bélgica, Francia, Italia, Luxemburgo y los Países Bajos, puso los cimientos para construir la Unión. Al final del texto aparecen los nombres de Paul-Henri Spaak, Antonio Segni o Konrad Adenauer, verdaderos padres de la patria...

¿Cuál es el trance histórico que vive Europa? Pues que Occidente asiste a un proceso inevitable de pérdida de peso económico y, por tanto, político en el mundo. Necesitábamos la irrupción de Europa en los años sesenta, cuando Estados Unidos consiguió una presencia extraordinaria en el planeta. Y necesitamos sentir su relevancia ahora. Porque una de las fortalezas de Europa es su autoridad, como espacio de defensa de las libertades. Y esa fuerza económica, política y moral es lo que le permite ser un interlocutor en los conflictos, porque puede hablar con todos los actores de cada momento. En este sentido, dispone de una gran capacidad de gestionar contenciosos porque es el gran ejemplo de la regulación de las cosas. De la economía, de la ciencia, de la tecnología o de los derechos.

Pero debemos reconocer que no está en un momento económicamente fuerte y se encuentra con una gran tensión por su evolución demográfica. No somos un continente joven. Y es difícil liderar si no posees la fuerza vital y las ganas de cambio de la juventud. La Unión Europea debería tener una participación más estrecha en la solución pacífica de los conflictos, un mayor protagonismo en el restablecimiento de un sistema internacional de reglas que evitara la tendencia a la guerra que ha resurgido en este tiempo. E incluso un compromiso decidido en favor de los Objetivos de Desarrollo Sostenible de Naciones Unidas, que fueron establecidos en su Asamblea General en 2015 y que se pretenden alcanzar en 2030. Objetivos no solo sobre la sostenibilidad del planeta, sino, sobre todo, de lucha frente a la desigualdad y en favor de la cooperación al desarrollo en el mundo. Los diecisiete objetivos establecidos fueron elaborados por un grupo de expertos y son el resultado de un proceso de negociación que involucró a 193 Estados miembros de la ONU, así como a participantes de la sociedad civil de muchos países. Es una lástima que Europa no posea la suficiente fortaleza como para poder actuar de locomotora de esta agenda imprescindible.

La Unión Europea debería seguir creciendo. En los últimos tiempos ha mirado al Este, pero deberíamos ampliar esta mirada. Personalmente, creo que la mejor operación en términos históricos que podría hacer para la paz, para sí misma y para el orden internacional, es incorporar a Turquía. Soy un defensor acérrimo de la incorporación de Turquía en la Unión Europea. Es más, considero que una de las causas de la inestabilidad del orden internacional hunde sus raíces en el día en que el presidente Nicolas Sarkozy y, en menor medida, la canciller Angela Merkel dejaron claro en un Consejo Europeo con Erdogan que Turquía no iba a ser candidata. Porque Turquía puede estar en la OTAN, pero no puede, se les dijo, estar en la Unión Europea. Creo que ese fue un mensaje letal. Porque se interpretó que ese rechazo lo era por tratarse de un país que alberga a una mayoría de musulmanes. Desconociendo, por cierto, cómo ha sido la construcción europea a lo largo de la historia y el papel cultural que ha aportado el Islam.

Yo he conocido dos Turquías: la que era candidata a entrar en la UE, que se abría a la modernidad y al mundo por ser un puente entre civilizaciones; y la Turquía que se ha sentido rechazada por Europa, que se ha encerrado en sí misma y ha reafirmado su condición de país islámico al tiempo que intentaba convertirse en una potencia regional recelosa de Occidente.

Le atribuyo tanta importancia a ese rechazo que creo que si Turquía hubiera formado parte de la UE, Putin no habría invadido Ucrania. Y que muchas de las cosas que han ocurrido en Oriente Medio no habrían sucedido, porque una Turquía integrada en Europa habría actuado de freno. Habría supuesto una ampliación de la visión europea, además de la incorporación de un interlocutor importantísimo, con el respaldo de la UE, para promover la paz en Oriente Medio, siendo tantos como son los conflictos que amenazan la paz y prosperidad de la región. Sí, se habría convertido en un elemento de estabilidad en el mundo.

Por ello, soy de los que opinan que la UE no entendió el papel que podía llegar a desempeñar. En su día, los europeos hicimos un gran esfuerzo por incorporar a los países del Este, que habían estado en la órbita de la antigua Unión Soviética. Fui testigo de ello, a los pocos meses de acceder a la Moncloa, en un Consejo Europeo. Éramos quince y de la noche a la mañana pasamos a ser veinticinco. De golpe se incorporaron diez nuevos países y ochenta millones de personas, lo que fue un desafío que se saldó con éxito, fortaleciendo la paz, la estabilidad y la prosperidad en Europa. El impacto cultural, político y psicológico, más incluso que económico, de aquella entrada en bloque no se percibió en toda su verdadera dimensión. Yo, al menos, no lo supe percibir. Era muy llamativo que en muy poco tiempo muchos de estos países, sobre todo los más pequeños, vieran en

Bruselas ese poder burocrático, enigmático, funcionarial y un tanto frío, como un nuevo Kremlin, porque allí se iban a marcar las políticas que debían seguir. Ellos entraron a formar parte de la UE con el ansia de reivindicar su nacionalismo y su soberanía, basada en su pasado. Me he pasado comidas discutiendo con algunos de los presidentes de esos países, que me comparaban Bruselas con el Kremlin. Era muy llamativo. Y ahí Alemania jugó un papel muy importante, muy positivo. Merkel era la bisagra, la bisagra que permitía una convivencia con Rusia y con los países del Este, cuya obsesión básicamente eran el Kremlin y Rusia. Recuerdo que cuando había un proceso de acercamiento de la Unión, de la Comisión, del Consejo, hacia Rusia, Merkel tenía que coger por su lado al representante polaco para tranquilizarlo y darle un masaje. La necesidad de estos países del Este de reafirmarse de una manera clara en el nuevo marco y la posterior crisis financiera, que afectó profundamente a Europa, nos alejó definitivamente de Turquía y de Rusia.

De alguna manera, esto ha dado lugar a un drama. Entiendo que hemos vivido una situación excepcional, agravada por una pandemia y por problemas territoriales. Pero tarde o temprano habrá que reformular una relación estable con Rusia, que permita colaborar en determinados ámbitos. Tenemos una historia en común. Y los clásicos rusos figuran entre los grandes clásicos europeos y seguramente entre los mejores escritores a la hora de definir el alma del continente. Son nuestros vecinos del Este, unos vecinos que no son fáciles de gestionar por su propia naturaleza: son el mayor Estado del planeta, una gran potencia que no quiere mostrar sus debilidades y que, además, tiene problemas de identidad importantes. Se necesita tiempo, buscar una salida negociada con Ucrania y redefinir nuestro marco de relaciones. Me parece uno de los asuntos más complejos, pero a la vez más interesantes que tenemos por delante.

En mi etapa en la presidencia, mantuvimos una buena relación con Rusia. Nunca hubo demasiados problemas. En mi primer año al frente del país, en 2004, viajé a Moscú a las puertas del invierno y me recibió el presidente de la Federación Rusa, Vladimir Putin, en una de las descomunales estancias del Kremlin, el antiguo Palacio de los zares. Putin era un hombre más bien bajo, fibroso, de anchas espaldas, que escudriñaba al visitante con su mirada de ojos azules. Mis colaboradores me habían comentado que Putin había recibido malas referencias sobre mí por parte de Aznar, que había hecho un viaje privado unas semanas antes. Entre otras cosas, me consideraba blando en el asunto del terrorismo, que era una cuestión que obsesionaba al presidente ruso. De hecho, tres meses antes, las tropas rusas habían asaltado a sangre y fuego una escuela de Beslán secuestrada por independentistas chechenos, sin preocuparse demasiado por los inocentes que pudieran morir en la operación. Pero lo cierto es que intenté desplegar toda mi empatía y la reunión que mantuvimos resultó ser muy cordial y fructífera a la vista de cómo se desarrollaron las relaciones diplomáticas a partir de la visita.

De todas maneras, el panorama cambió cuatro años más tarde. Tengo muy claro que hay un antes y después del 2008 en Rusia. Existe un estudio reciente que he leído en el que se califica a Rusia y Turquía como «países errantes». El término me parece muy acertado, pues se trata de dos grandes Estados que el liderazgo occidental no ha sabido situar o resituar, sin que ellos tampoco hayan sabido elegir el papel que desempeñar, sobre todo Rusia.

Siempre me llamó mucho la atención esa especie de predisposición de Putin a considerar que Occidente, al final, siempre quiere jugar en contra de su nación. Tenía ese fondo latente, que no aprecié, por cierto, en Dmitri Medvédev, y del que me di cuenta el mismo día en que conocí a aquel. Su discurso era diáfano: hemos sido un gran imperio, y seguimos siendo un imperio. Y él, como si fuese el último de los zares, representaba la jerarquía en un territorio culturalmente diverso y difícil de gobernar, que aspiraba a tener un papel destacado en el mundo globalizado. Su reflexión iba en el sentido de decir: «antes no nos queríais porque la URSS era un gran país y comunista; y cuando hemos dejado de ser comunistas, y además hemos perdido una tercera parte de nuestra geografía, tampoco nos queréis. El problema no es que seamos o no comunistas, sino que somos rusos». Parece muy simple, pero las cosas son así.

Y hay un momento en el que se certifica en la mentalidad de Rusia la necesidad de relanzar un poder ruso. Es en 2008. Lo he explicado en alguna ocasión, aunque de pasada. Suceden una serie de hechos que le dan la razón a Putin, alimentando de un modo decisivo sus recelos. Aunque seguramente nada de esto habría pasado si no hubiera habido antes los atentados de las Torres Gemelas, si no se hubiera producido la invasión de Irak, en busca de unas armas de destrucción masiva que nunca existieron.

En 2008, se celebró la cumbre de la OTAN en Bucarest, y ahí se cortó cualquier expectativa de buenas relaciones de futuro, porque Rusia empezó a marcar su propio camino. En esa cumbre, de manera inopinada, George W. Bush, que venía en malas condiciones políticas porque la posguerra de Irak estaba saliendo mal, se sacó de la manga la propuesta de que Ucrania entrara en la OTAN, para gran sorpresa de Chirac, Merkel y mía, porque nos parecía un disparate. Lo hizo para dar una satisfacción al pueblo americano, que veía que no se conseguía pacificar Irak y que el terrorismo iba en aumento, convirtiéndose en un peligro para Occidente. Bush se sacó de la manga, sin venir a cuento, la incorporación de Ucrania a la OTAN, que era una manera de ganar una batalla a Rusia incorporando a sus filas a parte del alma rusa.

El mundo tenía en la mente aquella imagen de Bush en la cubierta del portaviones Lincoln, a poca distancia de San Diego, con una chaqueta de combate y el casco calado en la cabeza, un mes después de la invasión de Irak, con una pancarta de fondo en la que se leía «misión cumplida». Un eslogan que resultó ser un fiasco porque no se acabó nada, sino que empezó una guerra civil interna en ese país, con presencia de grupos terroristas como Al Qaeda, que puso las bases del Estado Islámico, que también ocupó parte de Siria y que acabó con la retirada de las tropas occidentales en 2011, tras registrar decenas de miles de bajas. El Dáesh, el grupo islamista más peligroso de la historia, fue fruto de una guerra ilegal, una reflexión que Occidente no ha hecho todavía en serio y a fondo.

Aquella escaramuza en Bucarest fue la que abrió las hostilidades con Rusia, cuando se inició un camino peligroso que nos distanció de los rusos y que años después ha desembocado dramáticamente en una guerra en Ucrania, que será larga y en la que estamos perdiendo todos. Las soluciones nunca son militares, pero ahí es donde estamos, en mitad de un juego geopolítico difícil de resolver. Y que solo podrá empezar a solucionarse haciendo política, que es como hay que enfocar cualquier conflicto. Esto lo saben todas las cancillerías, todas. Recientemente, estuve hablando de ello con Liu Jianchao, el Jefe del Departamento de Enlace Internacional del Partido Comunista, una persona muy influyente, y me decía eso mismo.

Estoy seguro de que el Pentágono también tiene informes de que no hay solución militar posible, de que nadie se va a imponer al otro para poder proclamar que ha ganado la guerra. Como tampoco la va a haber en la guerra entre Israel y Palestina, a pesar de la gran desproporción de la fuerza empleada. Es muy lamentable que el proceso de la civilización hacia una política por la paz tenga un desarrollo inversamente proporcional al de, por ejemplo, la inteligencia artificial. Quizá porque, si se me permite, la inteligencia artificial es lo que más se parece al capitalismo que uno puede reconocer. Tiene una lógica aplastante. O sea, el capitalismo está movido por un algoritmo que es la eficiencia, gana el que es más fuerte, sin otras consideraciones.

¿Cuál es el tema de fondo? Pues que el liderazgo internacional de Estados Unidos, que aún retiene en buena parte, necesita imperiosamente, casi agónicamente, algún triunfo. Su obsesión con la rivalidad de China se lo demanda, debe demostrar que sigue marcando el paso del planeta.

El hecho de que estemos viviendo en estos momentos unos conflictos bélicos tan intensos e inquietantes es el reflejo de la ruptura del sistema internacional. Nos encontramos en una especie de transición, desde un liderazgo que ha sido superpoderoso, como el de Estados Unidos, y al que le cuesta entender lo que está ocurriendo en muchas regiones del mundo. Un liderazgo que está en decadencia, pero que no sabemos cómo va a evolucionar en el futuro. Seguramente, aún habremos de esperar un tiempo, tal vez una década, para poder tener una idea del periodo que vaya a necesitar la primera potencia del mundo para reconvertir su liderazgo, que debería suceder a un debate interno, franco y realista sobre qué papel desempeñar en un nuevo orden internacional. Es evidente que esto no va a pasar en el próximo ciclo electoral. Ni Biden ni Trump pueden hacerlo. Simplemente van a mantener su rivalidad interna, que es decadente. Decadente para su país y decadente para el mundo. Entonces, vamos a esperar a ver cómo se configura este nuevo liderazgo, no solo en cuanto a personas, sino, sobre todo, en cuanto a ideas. Se trata de saber cómo se imaginan el mundo que viene y cómo esperan intervenir para que sea posible.

Por qué no me levanté en el desfile

Cuando llegué a la Moncloa me propuse resituar, recomponer, la política exterior española. Aznar había intentado que nuestro país tuviera más peso en el mundo, pero en la dirección y por un camino, en mi opinión, equivocados.

Una de las primeras decisiones que tomé fue precisamente el regreso de las tropas de nuestro país en Irak, tal como había prometido en la campaña electoral, lo que disgustó casi más al PP que a la Casa Blanca. Tenía muy claro que la guerra de Irak era un desastre, que había agravado la inestabilidad en Oriente Medio y que estaba alimentando el terrorismo de Al Qaeda. La decisión de que tomáramos parte en ella, protagonismo de las Azores incluido, había sacado a millones de españoles a las calles con el eslogan de «No a la guerra». Porque suponía introducir el concepto de guerra preventiva en los conflictos, sin el aval de Naciones Unidas, frente a la legalidad internacional. Estados Unidos le había mentido al mundo con las armas de destrucción masiva, pero, además, la pésima gestión de la crisis los había debilitado como primera potencia. Yo situé como prioridad volver a Europa, a Latinoamérica y al Mediterráneo.

Nunca me he sentido antinorteamericano, como algunos medios intentaron hacer creer; al contrario. Lo que sí fui es muy crítico con las políticas llevadas a cabo durante el mandato de George W. Bush. El desastre de Irak fue el fracaso de los neocons del entorno presidencial, especialmente del secretario de Defensa Donald Rumsfeld, que, tras el 11-S, puso en marcha una estrategia militar como respuesta a los atentados terroristas a las Torres Gemelas que incluyó la Operación Libertad Duradera en Afganistán y la invasión de Irak. Finalmente, tuvo que dimitir debido a las críticas en el Congreso y a la derrota del Partido Republicano a mitad del segundo mandato, pero, con sus decisiones, el mundo pasó a ser un lugar mucho menos seguro.

En cualquier caso, debo reconocer que el hecho de no haberme levantado de mi asiento al paso de la bandera de las barras y estrellas en el desfile del 12 de octubre de 2003, a cinco meses de las elecciones, me ha perseguido durante muchos años. Lo he explicado alguna vez, pero quiero hacerlo de nuevo: yo desconocía, porque nadie nos había informado, que el día de nuestra Fiesta nacional fueran a desfilar tropas de otros países y, precisamente, de manera inopinada, ya digo, no prevista, se anunció por megafonía una representación de los ejércitos que estaban en Irak «defendiendo la libertad». Obviamente, el partido al que representaba como líder de la oposición había sido y era un referente inequívoco del rechazo a la participación de España en aquella guerra. Así que, en señal de disconformidad, improvisando una reacción ante la sorpresa, no me puse en pie cuando delante de donde yo estaba pasaron las formaciones de las cuatro o cinco naciones que fueron invitadas. No fue un gesto específico contra la bandera de

Estados Unidos, sino mi protesta contra el Gobierno español por su improcedente iniciativa, de la que nos estábamos enterando en ese mismo momento. Por mi parte, fue un espontáneo acto de coherencia. Nadie hubiera entendido que me hubiera sumado al aplauso a quienes combatían en Irak.

Luego, cuando llegué a la Moncloa, una de mis primeras decisiones fue la retirada de las tropas españolas de Irak. Esa sí resultó una resolución que sacudió el mapa. Y debo reconocer que alguna vez me he preguntado, si tuviera los años que tengo ahora, si lo volvería hacer de la misma manera. No lo he explicado nunca, lo confieso. Porque, visto en perspectiva, me doy cuenta de que preocupó incluso a algunos de mis colaboradores más directos por las consecuencias que podía representar. Fue una decisión que para unos podía ser muy valiente, pero para otros resultaba demasiado audaz. De todos modos, si en democracia no haces lo que crees que debes, te estás traicionando. Mi hecho fundacional como presidente del Gobierno fue identificarme con la posición mayoritaria de la sociedad española en favor de la paz, en favor de no admitir el vasallaje, ni mucho menos una sumisión en apoyo de una guerra ilegal. Entonces lo tuve muy claro y sentí que debía ser consecuente con ese compromiso.

Bush no tardó en llamarme tras el anuncio de la retirada de las tropas. La conversación que mantuvimos fue tensa. De una frialdad manifiesta. Sin embargo, no me sentí impactado cuando Bush me dijo telefónicamente que se sentía muy defraudado por la decisión que había tomado y que con ella daba alas a los terroristas. No me achanté: le respondí que debía entender que la decisión era consecuente con una promesa realizada a la ciudadanía española y que respondía a unos valores en los que creía. Y que él, como presidente de la primera democracia del mundo, debería entender que esos compromisos con el pueblo, con los ciudadanos, hay que cumplirlos.

Aquello tuvo costes, porque en cuatro años no tuvimos ningún encuentro bilateral. Parte de mi equipo, algunos de mis asesores, estaban preocupados por las relaciones con Estados Unidos. De hecho, viví un momento crítico durante mi visita a Túnez, en septiembre de 2004, cuando en una rueda de prensa me preguntaron por la retirada de las tropas de Irak. Y, bastante suelto, respondí que hice lo que había que hacer y que no me sorprendería que otros países siguieran por el mismo camino. Mis palabras incomodaron. En el avión ya vi a los diplomáticos con la preocupación en el rostro. Tuvieron que esmerarse a fondo para calmar los ánimos de países terceros y para intentar matizar mis declaraciones. Bueno, estos son los costes del exceso de sinceridad en una rueda de prensa. Quizá los términos en que me expresé fueron un poco imprudentes por mi parte, lo reconozco.

Después de aquel incidente, pude coincidir con Bush en una reunión del G20 en Washington, a la que fuimos invitados, y que fue especialmente importante porque trató de la reforma del sistema financiero mundial en plena crisis ya. Se celebró el 15 de noviembre de 2008, no solo a nivel de ministros de Economía como hasta entonces, sino de presidentes de Estado y de Gobierno, en un contexto de gran desestabilización política y económica, tras los derrumbes bancarios y una crisis financiera que requirió la intervención pública en los mercados.

El presidente norteamericano no lo puso fácil para que España pudiera estar presente, pero quien resultó clave para que se nos incluyera fue el presidente francés Nicolas Sarkozy, que era el presidente de turno de la UE. Al final, los Países Bajos y España fueron incorporados aun no siendo miembros de pleno derecho del G20, pero hubo que luchar con denuedo.

El papel del diplomático Bernardino León, que había sido secretario de Estado de Exteriores, antes de ser nombrado secretario General de la Presidencia, resultó clave. Merecería una condecoración por sus esfuerzos, porque recorrió el mundo para conseguir el estatus de España como invitado permanente, de China a Arabia Saudí, pasando por todas las cancillerías europeas. Me consta que tiene registrada la historia de su periplo con pelos y señales, que sería interesante que un día hiciera pública.

El rey Juan Carlos también desempeñó un papel relevante, pues contactó con la Casa Blanca para que España no quedara al margen de una reunión en la que se iban a adoptar compromisos reguladores y se reformaron instituciones financieras internacionales. De aquellas sesiones tengo la imagen de un Bush desbordado tras la caída de Lehman Brothers, pues la economía estadounidense estaba pasando un momento crítico. En cambio, el presidente chino Hu Jintao, a quien no se le había visto sonreír ni mover una ceja nunca, se convirtió en uno de los protagonistas, pues se le vio dominando la situación. Leyó un discurso de solidez, de solvencia, de fortaleza y de seguridad, que resultó un bálsamo para todos. Manifestó que China estaba dispuesta a ayudar en lo que hiciera falta y que el mundo podía contar con la implicación de su país para superar la crisis. Los mercados se movían como zombies y aquella reunión del G20 sirvió para calmarlos y para abrir una nueva etapa de mayor coordinación de los bancos centrales.

Bush (recuerdo que me lo encontré de frente) estuvo muy simpático conmigo, contrariamente a lo que me esperaba. Incluso elogió a España, porque nuestro banco central tenía un mecanismo preventivo de garantía, conocido dentro de la jerga financiera con el nombre de colchón de capital anticíclico, que parecía que había parado el golpe, aunque luego, ante la persistencia de la recesión, se demostró que no era tan poderoso como se creía. La cumbre terminó con una cena donde nos trataron de forma exquisita y en la que Sarkozy dijo aquello de que había que refundar el capitalismo.

Luego, como siempre pasa, el capitalismo no respondió al reto. El capitalismo siempre sale vencedor y olvida lo que hizo mal. Pero, sí, el capitalismo necesita una revisión. Es muy interesante el libro de Martin Wolf, *La crisis del capitalismo democrático*, sobre qué tipo de democracia se necesita en esta hora de la historia. Este inteligente analista demuestra claramente que si el capitalismo genera unas desigualdades insoportables acaba por amenazar a la propia democracia. El capitalismo y la democracia se requieren recíprocamente en una relación equilibrada; en caso contrario, los modelos políticos autoritarios y los modelos económicos anticapitalistas ganan popularidad. En estos momentos, existe un precario equilibrio entre ambas realidades y se hace imprescindible reajustarlo. Pero el problema no es del capitalismo como sistema, que obviamente siempre tiene que ser corregido, aumentando la redistribución de la riqueza y la cohesión social, haciendo que la gente sea solidaria con el prójimo y consiguiendo que todos paguemos los impuestos, lo que remite al modelo socialdemócrata como el modelo más racionalmente sostenible, el problema en la actualidad es que Occidente asuma, de la mejor manera posible, el fenómeno de la redistribución global de la riqueza. La cuestión es que Europa y Estados Unidos, los dos polos de nuestro poder económico y político, viven un momento muy anómalo, pues su poder desde la Segunda Guerra Mundial hasta el año 2000, durante casi seis décadas, fue indiscutible, y eso ha cambiado ya, de un modo irreversible y creciente, por la emergencia de China como potencia y por el crecimiento de otros países.

Occidente está perdiendo con rapidez poder económico y político. Solo un dato: dentro de siete años, solo siete años, se prevé que, de las cuatro economías más grandes del mundo, tres van a ser de Asia: China, India e Indonesia. Y Estados Unidos será la cuarta. En 2050, es decir, dentro de veinticinco años, se prevé que de las diez economías más importantes del mundo, siete sean ya asiáticas. El G7 actual acabará siendo, pues, un G7 virtual, irreal. De hecho, ya lo es hoy, puesto que se reúnen y toman decisiones que solo representan a una parte del mundo que no llega al 30 % del total. Este es el problema de fondo, que explica esta ruptura del sistema internacional. Esta sensación de desorden, de algo que muere y algo que no acaba de nacer, es lo que nos desconcierta.

Supondría una pérdida evidente del peso de lo que llamamos Occidente. Una más. Primero, vivió una etapa imperial, colonial. Luego, tras la Segunda Guerra Mundial, la Europa democrática compartió liderazgo con Estados Unidos, para dominar el mundo de otro modo durante el resto del siglo XX. Pero eso se acabó. Europa, en particular, tiene un problema muy serio: su demografía le impide crecer y al mismo tiempo experimenta un rechazo, que amenaza con extenderse e intensificarse, a la inmigración que llama a nuestras puertas. Y la conjunción de ambos fenómenos es sencillamente incompatible con el futuro.

El Reino Unido volverá a llamar a la puerta

El egoísmo de los países occidentales, de los países ricos, es algo consustancial al sistema económico del que disponemos. Y no somos del todo conscientes de que África, estando como está, no va a reducir el aluvión de migración. Podemos hacer política comunitaria, pero si el continente africano no tiene un horizonte y una perspectiva será imposible llevar a cabo esa política migratoria. Y si decidimos encerrarnos, las consecuencias serán que tendremos menos peso político en el mundo, porque el peso político internacional lo dan la credibilidad, las ideas y las iniciativas. Pero lo cierto es que estamos temerosos, a la defensiva, como si la teoría de la autonomía estratégica de Europa equivaliese a decir: no puedo hacer más y me encierro en mí mismo.

De alguna manera, es un remedo general de lo que ha supuesto el fenómeno del Brexit. Los británicos sentían que estaban perdiendo poder e influencia en el mundo. Su PIB, que llegó a ser el 10 % mundial cuando empezó el reinado de Isabel II, a su fallecimiento se había convertido tan solo en el 3 %. Impresionante, ¿no? ¿Qué lectura política se hizo de este proceso? Simplificando, que la culpa de todo era de Bruselas y de los inmigrantes. Que la culpa era de los de fuera. Y se les ocurrió apostar por el Brexit, y todo apunta a que se han pegado una bofetada histórica. Estoy muy deseoso de que llegue el día en que el Imperio británico vuelva a pedir la entrada, o algo que se le aproxime, en la Unión Europea. Porque llegará, y no tardará.

Y la propia Unión no puede quedar atrapada en sus actuales recelos. El destino de nuestros países no va a depender de nosotros mismos, sino de cómo está el resto del mundo, de qué interlocución seamos capaces de tener con el resto del planeta y de cómo se estructure el nuevo orden internacional.

Creo que la inestabilidad o el deterioro de nuestras democracias obedece menos a causas internas previas que al impacto de efectos externos. Estamos siendo víctimas de Trump, de fenómenos como el Brexit o de los populismos de extrema derecha. La decadencia de Occidente se debe a que no somos conscientes de la emergencia de otros, a los que de repente contemplamos casi con estupor. China constituye el ejemplo más claro; posee un PIB que no llega a la mitad de la renta per cápita de Estados Unidos, pero, como son casi mil quinientos millones de habitantes, se ha podido expandir por el mundo. Considero que es una buena noticia que los chinos hayan sacado de la pobreza a setecientos millones de personas y que hayan sabido convertirse en una potencia económica de primer orden. Era inevitable que un país con su potencial se expandiera en Latinoamérica y en África, funcionando en este sentido como el modelo capitalista. Si no lo admitimos, nos daremos contra una pared. Y cuando te estrellas contra un muro, quien sufres eres tú. Por esta incapacidad de entender lo que pasa es por lo que sufren nuestras democracias.

A veces me preguntan qué puede hacer Europa a corto plazo, y a quienes lo hacen les digo que hay dos cosas que deberíamos tratar de conseguir, que me parecen igualmente importantes. Una: intentar dar, salvando la dificultad que representan los temores de la Europa del Este, una salida a la guerra de Ucrania apoyándonos en la capacidad de China de influir en Rusia. Eso nos haría recuperar credibilidad, nos daría autoridad. Ya sé que también exige valentía. Los líderes europeos, los que tienen peso específico, saben muy bien que, antes o después, habrá que sentarse a negociar y buscar una salida dialogada al conflicto. Hará falta determinación, por encima de críticas o de acusaciones de complacencia con la agresión rusa por buscar una salida pactada.

La segunda: no dejar que se consoliden las ideas desglobalizadoras en Europa. Creo que la globalización, que supone mercados abiertos y competencia internacional, reglas del juego y comercio regulado, ha favorecido a los países menos desarrollados, porque les ha permitido competir en los mercados. A China le ha ido bien, pero a España también. De hecho, el principal país del que importamos es China. China constituye el primer socio comercial de España. ¿Por qué? Porque es competitivo y a nuestras empresas les viene muy bien comprar relativamente barato. O sea, hay una relación muy positiva en lo que es el comercio internacional como un baluarte de igualdad y de desarrollo. ¿En qué situación nos encontramos? En una en la que se ha producido una reacción norteamericana proteccionista y con envoltura ideológica frente a la competitividad china, a través de sus *think tanks*, *lobbies* y medios de comunicación. Y es que cuando hace quince años China no había llegado al nivel de potencia que es ahora y era solo una fábrica barata para todo Occidente, no había que rivalizar con ellos. Pero una vez que se han desarrollado, disponen de tecnología punta, investigan en todos los campos de la ciencia, fabrican semiconductores, móviles, automóviles o barcos, la percepción ha cambiado. Ahora es un peligroso competidor. China se ha convertido en una amenaza. Y el sistema político allí es el mismo, antes y ahora.

Occidente debe ser coherente con la democracia. La democracia es un sistema que se basa en dos principios, como sabemos, uno, que el poder es fruto de la voluntad popular, la respuesta al interrogante de quién debe gobernar; y el otro, que hay que hacerlo conforme a unas reglas del juego. El quién y el cómo, quién ostenta el poder y cómo tiene que ejercerlo. Y confluyen en la Constitución y en las leyes. Eso es lo que rige en nuestro marco nacional interno.

Y para relacionarnos con otros países, que comparten o no este modelo de organización de la convivencia, hay que atenerse a las normas de Derecho Internacional, a los tratados vigentes. Y hay un Tratado de Tratados que es la Carta de las Naciones Unidas, surgida tras la Segunda Guerra Mundial, una especie de protoconstitución internacional, que establece unos principios básicos, esenciales. Primero, respalda la solución pacífica de los conflictos, cosa que a veces se olvida; segundo, aboga por la cooperación entre naciones; y tercero, establece un modelo de igualdad entre países sin distinguir el sistema político. Esto es lo que se consagró en la Carta de las Naciones Unidas. Fue el fruto de los ganadores de la Segunda Guerra Mundial para un nuevo orden mundial en paz, el que impulsaron los grandes países occidentales entonces, junto a la Rusia soviética y China.

La Asamblea constituyente internacional de la Carta pareció tener una visión histórica muy clara. Acordó que, si queremos un orden internacional que prospere, que avance, que garantice la paz, los países tienen que estar en pie de igualdad más allá de su sistema político. Las democracias occidentales deberíamos ser coherentes con este designio fundamental. Una coherencia que no resulta muy compatible con ordenar una suerte de barrera de diferenciación a la hora de establecer las relaciones internacionales, de interpretar y aplicar los principios de las Naciones Unidas, entre países democráticos y países con otros sistemas.

Estoy especialmente preocupado por un cierto descrédito que planea sobre Naciones Unidas. No recuerdo un ataque contra un secretario general de la organización como el que recibió António Guterres por parte de Israel, que lo calificó como un peligro para la paz mundial por unas declaraciones en las que condenaba inequívocamente los actos horribles y sin precedentes de Hamas, pero en las que recordó que el ataque se enmarcaba en cincuenta y seis años de ocupación y apuntó a los excesos evidentes en el ejercicio del derecho de autodefensa.

El deterioro es grave. Son muchos los que asumen el uso de la violencia como método no reprochable, y la carga de la prueba parece recaer sobre los que apuntan críticamente a los límites exigibles al uso de la fuerza, como si tuviéramos que asimilar el discurso de que el derecho de defensa es ilimitado.

Naciones Unidas está débil, muy débil, pero eso es así porque las grandes potencias no le dan la autoridad que debería tener. Es más, se la niegan. En el Consejo de Seguridad de Naciones Unidas, de sus cinco miembros, cuatro han vulnerado en reiteradas ocasiones la legalidad internacional para el uso de la fuerza, olvidando que el uso de la fuerza solo puede autorizarse con el permiso del Consejo de Seguridad. El único país, de esos cinco, que no ha vulnerado la legalidad internacional recurriendo al uso de la fuerza es China. Resulta paradójico.

El respeto a los tratados internacionales debería formar parte del caudal democrático. La superioridad ética de los valores democráticos se debilita extraordinariamente cuando se actúa cínica, hipócritamente. Si Rusia invade brutalmente Ucrania, como ha hecho, hay que poner al mundo entero en contra de Rusia y aplicarle todas las sanciones posibles; sin embargo, cuando Irak es invadido por Estados Unidos, quebrando la legalidad internacional, una reacción así es inimaginable, ni se plantea.

Europa debería hacer más para erigirse en un garante efectivo de la legalidad internacional. Pero la realidad es que Estados Unidos ha vulnerado las reglas internacionales cuantas veces le ha parecido necesario, en virtud de sus principios de defensa nacional. Y lo ha hecho también Gran Bretaña, de la mano del propio país norteamericano, o Francia en África. Europa no debería subordinar su política exterior a Estados Unidos. No debe subarrendar la política exterior a otro país, porque en el pasado eso nos ha arrastrado a crisis que podríamos haber evitado. Francia y Alemania lo tuvieron claro en la guerra de Irak. Chirac y Merkel se opusieron a ella. Eran dos gobiernos políticamente conservadores pero seguros de sí mismos.

Eso me lleva a evocar un buen recuerdo personal de ambos líderes.

Chirac fue tal vez el último gran presidente de Francia, que sabía encarnar muy bien la autoridad de La République. Se sentía orgulloso de estar al frente de un país con una historia legendaria, capaz de defender su propia autonomía, también frente a Estados Unidos. Y era partidario de que Francia junto con Alemania marcasen claramente la política exterior europea sin que esta se supeditara a nadie.

Por su parte, Merkel me pareció siempre una persona muy sincera, educada e inteligente. Y al final tuvo conmigo un gesto muy cariñoso. Ya saliendo yo del Gobierno en una cumbre a la que asistimos en un país del Este, se me acercó y me confesó con afecto algo así: «te has sacrificado, has peleado por tu país, te felicito porque ha tenido que ser muy difícil para ti».

En plena crisis financiera tuvimos una reunión bilateral. Yo venía agotado de una gira internacional para conseguir el apoyo financiero a España. La cita era de noche, una fría noche, en un castillo que está a una hora de Berlín, al que llegamos en helicóptero. Cenamos juntos y la conversación giró en torno al clima de pesimismo que se había instalado en torno a la evolución de la crisis. Angela Merkel reflexionó sobre la idea de que los europeos no podíamos sostener más el nivel de vida del que disfrutábamos. Después de escucharla durante un buen rato, le pregunté, para hacerle ver lo difícil de trasladar al debate público esa sombría intuición: ¿crees realmente que podemos ir a la campaña electoral europea del próximo año prometiendo que vamos a vivir peor? Se rio a gusto, reconociendo que nos encontrábamos ante un dilema de difícil resolución.

Aparte de su luteranismo económico, era buena negociadora y muy convincente. Peleaba hasta la última coma. En general, tengo una imagen de los alemanes de personas nobles, claras y sinceras. Así como los franceses siempre me han parecido un tanto imprevisibles, como lo era en grado sumo Nicolas Sarkozy. Más previsibles resultaban entonces, en los debates sobre la crisis, otros líderes, como los finlandeses, durísimos en materia económica, casi más que los holandeses, y siempre subordinando sus decisiones a la autorización de la comisión de Exteriores de su Parlamento. Y luego estaban los británicos y los irlandeses, que eran muy suyos, por así decir. Recuerdo en una ocasión al primer ministro irlandés teniéndonos una noche entera sin dormir en su pelea por preservar su impuesto de sociedades, tratando de vencernos por agotamiento.

Me gustaría concluir este capítulo volviendo a citar a Martin Wolf, quien mantiene que podemos cambiar de opinión muchas veces a lo largo de la vida, pero no de valores. Y hay tres grandes valores, sobre los que se sostiene Europa, que debemos defender con todas nuestras fuerzas, porque son la garantía de un futuro en paz y libertad. En primer lugar, la democracia, que tenemos que saber asegurar y extender con el ejemplo, con inteligencia. En segundo lugar, la unión política, que no solo debería concebirse como la seña de identidad europea, sino que también tendríamos que saber proyectarla hacia el resto del mundo para promover la construcción de una comunidad política internacional. Y en tercer lugar, la solución pacífica de los conflictos, que se nutre del diálogo y de la negociación, y que debería ser siempre la norma para resolverlos.

UN CASO DE MEDIACIÓN: VENEZUELA

«El Espinito» de Chávez

La primera vez que José Luis Rodríguez Zapatero viajó a Venezuela fue en la primavera de 2005, cuando llevaba un año en el poder. El presidente del Gobierno aterrizó en Caracas para llevar a cabo una labor de mediación. Todo empezó tras una crisis entre Venezuela y Colombia por el secuestro de un guerrillero colombiano capturado en territorio venezolano. Como las amenazas cruzadas entre ambos países comprometían la paz en la región, la diplomacia española se puso manos a la obra para intentar solucionar el conflicto, para lo que contó con la complicidad del brasileño Lula da Silva. El secretario de Estado de Exteriores, Bernardino León, decidió organizar, con la complicidad de las partes, una cumbre transfronteriza en la que participaron Venezuela, Colombia y Brasil, con España como invitada. Y hasta Ciudad Guayana, en la ribera del Orinoco, se desplazaron los presidentes Chávez, Uribe, Lula y Zapatero.

Chávez había conocido personalmente al presidente socialista cuatro meses antes, en una visita oficial a Madrid, donde dos periodistas venezolanos, pero de ideologías opuestas, se enzarzaron a gritos ante ambos mandatarios, mientras el líder bolivariano cantaba divertido «El espinito»: «Yo soy como el espinito / que en la sabana florea, / le doy aroma al que pasa / y espinito al que me menea». Todo ello sucedía ante la mirada congelada de los miembros del servicio de protocolo del Palacio de la Moncloa, que no sabían si actuar o no. Venezuela y España habían mantenido una relación hostil desde el golpe de Estado fallido contra Chávez, dos años antes, cuando el líder bolivariano llegó a ser destituido y detenido en su país. No se demostró, pero varios medios aventuraron que Aznar había jugado sus cartas en la asonada. Y ciertamente, el embajador español, Manuel Viturro, acompañando a su colega estadounidense, se personó en la residencia de Pedro Carmona cuando fue proclamado a toda prisa nuevo presidente. Aznar y Carmona hablaron telefónicamente aquella misma tarde. De todas formas, la ilusión del cambio duró apenas cuarenta y ocho horas. Aún le dio tiempo de sancionar el acta de constitución del nuevo Gobierno de transición democrática, antes de ser destituido, juzgado y encarcelado en su domicilio, hasta que se escapó hacia Colombia.

Sin embargo, tras la elección de Zapatero, las relaciones con Venezuela mejoraron, hasta el punto de que su compromiso con este país permitió convencer al presidente venezolano para que aceptara la celebración del referéndum revocatorio que exigía la oposición. La victoria de Chávez, con casi el 60 % de los votos, sirvió para que este entendiera que Zapatero no le había dado ningún mal consejo. Y cuatro meses después, le agradecía de nuevo los esfuerzos de España para intentar superar una nueva crisis, esta vez con Colombia, pero especialmente por su presencia en la cumbre. Zapatero le respondió que estaba allí porque pen-

saba que podía ser útil, además de llevar implícito un mensaje de la UE, en el sentido de que había que avanzar en los procesos de integración regional. Dicho en otras palabras: lo importante del encuentro no era tanto bajar la guardia, como colaborar en el futuro inmediato. El presidente español también tuvo palabras de reconocimiento para Uribe por su empeño para erradicar el narcotráfico y el terrorismo, e incluso puso de ejemplo a Lula por su lucha contra la pobreza. Zapatero iba con la lección bien aprendida y contribuyó a la distensión: Chávez anunció que los guerrilleros colombianos serían considerados como enemigos si entraban en Venezuela y Uribe reconoció que los guardacostas y aviones que España pensaba vender a sus vecinos no suponían ninguna amenaza para su país, sino al contrario; esperaba que sirvieran para luchar conjuntamente contra los narcos y los terroristas.

En cualquier caso, Chávez se había guardado una sorpresa para sus invitados, que fue celebrada por todos: la presencia en Ciudad Guayana del futbolista Diego Armando Maradona, que fue presentado por él como el mejor futbolista y un amigo revolucionario. El Pelusa había superado su adicción a las drogas en Cuba, al tiempo que se convirtió en la estrella de la alianza formada por Fidel Castro y Hugo Chávez. Y allí estaba Maradona como regalo inesperado de la cumbre, brindando por que fueran bien las cosas.

De vuelta a Caracas, Zapatero se reunió con los líderes opositores venezolanos, que estaban muy excitados tras haber sido ampliamente derrotados en el referéndum revo-

catorio contra Chávez que ellos mismos habían impulsado. Se distribuyeron las críticas contra el régimen chavista, pero más allá del populismo y autoritarismo que denunciaron, también era cierto que el líder bolivariano había conseguido mejorar las condiciones de vida de sus compatriotas en alimentación, vivienda, sanidad y educación. En cambio, menos éxito había tenido en la lucha contra la corrupción y la delincuencia. Más tarde, en el Parlamento, el presidente Zapatero pronunció un discurso en el que hizo una cerrada defensa de la democracia, donde resaltó que era inseparable de la separación de poderes el libre funcionamiento de los partidos y el respeto de las minorías. Según la crónica de El País, *recibió aplausos entusiastas de la mayoría de Chávez y de la minoría opositora. Algo muy poco habitual en un país dividido.*

La anécdota final del viaje la contó Javier Valenzuela en el libro Viajando con ZP, *refiriéndose al encuentro final entre Chávez y Zapatero en el Palacio de Miraflores. Como el discurso antinorteamericano era usual en la Venezuela bolivariana, Hugo Chávez quiso bromear sobre ello, al tiempo que reconocía la importancia de Estados Unidos con estas palabras: «Nuestra Fuerza Aérea tiene unos estupendos aviones F-16. ¿Y saben ustedes dónde fueron fabricados? En los United States of America. Pero estos aviones a veces se estropean y hay que repararlos. ¿Y saben quién los repara? Los United States of America. Y claro, los pagamos con buenos dólares. Dólares impresos en United States of America». Una manera de reconocer que era difícil prescindir de ellos, a pesar de que sus relaciones fueran malas. Inclu-*

so podía haber añadido que quien certificó la limpieza de la consulta sobre su persona fue un ciudadano de United States of America. Nada menos que el expresidente Jimmy Carter, que encabezó una delegación del Centro Carter, que actúa como observador en procesos electorales y hace de mediador en crisis internacionales.

El momento más difícil de las relaciones entre España y Venezuela a lo largo del mandato socialista fue durante la cumbre iberoamericana de Chile, que presidía el rey de España, Juan Carlos de Borbón, en noviembre de 2007. Chávez se fue animando en uno de sus discursos interminables, pero llegó a un punto en el que menospreció con duras palabras no exentas de insultos a José María Aznar. El presidente español le exigió respeto por un político que había sido elegido democráticamente, aunque estuviera en sus antípodas ideológicas. Pero el líder venezolano no se cortó y siguió insistiendo con sus ataques verbales. Entonces el soberano español decidió que se había pasado de la raya y no se le ocurrió nada más que soltarle de pronto: «¿Por qué no te callas?», ante la perplejidad de los jefes de Estado y de Gobierno, que no daban crédito a lo que estaba pasando. Afortunadamente, las diplomacias de ambos países actuaron de bomberos con la mayor celeridad posible para evitar lo que parecía que se podía convertir en un incendio de grandes proporciones. La presidenta Bachelet metió baza para calmar los ánimos. Las imágenes del momento dieron la vuelta al mundo.

Pero se trabajó bien en los meses siguientes y Chávez no tuvo inconveniente en volver a España en el verano de 2008.

Antes de reunirse con Zapatero en Madrid, se preparó una reunión con el monarca en el Palacio de Marivent. A la salida, el presidente venezolano calificó de muy placentero el encuentro con su «amigo» el rey, hasta el punto de bromear con él y pedirle que compartiera los beneficios generados por los derechos de autor de la famosa frase con la que lo había hecho callar. En la rueda de prensa posterior de la Moncloa, Zapatero habló de «reencuentro» de ambos países y Chávez, de relanzar las relaciones bilaterales.

El expresidente español ha acabado por ser un buen conocedor de la situación en Venezuela y un mediador imprescindible en los momentos de mayor tensión con Nicolás Maduro en el poder, tras la muerte de Chávez en 2013. Eso le ha dado un alto reconocimiento a su persona en Latinoamérica, pero también críticas en Europa, sobre todo en España, donde se ha instalado el éxodo venezolano, hasta el punto de que el barrio de Salamanca de Madrid es conocido también como la «little Caracas».

M. C.

El día del «¿Por qué no te callas?»

Mi relación como mediador en Venezuela, ya como expresidente, tiene su origen en la visita de un líder político de la oposición venezolana llamado Timoteo Zambrano, que había estado vinculado a Acción Democrática, un partido que formaba parte de la familia de la Internacional Socialista.

Zambrano vino para decirme en 2014 que en su país se vivía una situación extremadamente difícil, que estaban pendientes de poder celebrar unas elecciones a la Asamblea Nacional, pero que la conflictividad entre gobierno y oposición era cada vez mayor en las calles, y en los tribunales, y que había un número importante de opositores privados de libertad.

Había ciertamente un intenso proceso de manifestaciones y protestas contra el primer Gobierno de Nicolás Maduro. Este había ganado por la mínima pero en buena lid a Henrique Capriles, pero siempre percibí en el gobierno de Maduro el convencimiento de que la oposición nunca había reconocido esa victoria, que se les negaba la legitimidad para estar en el gobierno. Y este factor siempre ha pesado en los últimos ocho años de conflicto en Venezuela. Junto a ello, la situación económica era muy delicada, con una creciente inflación, con un problema de escasez de productos básicos y con unos altos niveles de violencia e inseguridad ciudadana.

Zambrano me pidió que mediara en el conflicto a las puertas de las elecciones legislativas. Yo lo escuché y me comprometí a ayudar, si a las dos partes en conflicto les parecía bien que intentara colaborar para rebajar la tensión.

Había viajado a Venezuela como presidente del Gobierno y había mantenido una correcta relación con Hugo Chávez en los tres encuentros que habíamos tenido. Siempre agradeció a los socialistas españoles que en el golpe que dio Pedro Carmona en 2002, cuando se proclamó presidente del país durante un par de días, hubiéramos rechazado de plano aquel motín. Y no solo eso, sino que tomó buena nota de que Miguel Ángel Moratinos, que luego sería ministro de Asuntos Exteriores conmigo, denunciara públicamente que el expresidente Aznar hubiera estado detrás del golpe, hasta el punto de que este tuvo que comparecer en el Congreso de los Diputados para dar explicaciones. Y, luego, mi Gobierno consiguió que el «¿Por qué no te callas?» del rey Juan Carlos a Chávez no pasara de ser una anécdota, aunque tuviera una gran repercusión internacional. Dicho en otras palabras, yo conocía el país y a sus protagonistas, aunque tampoco era un experto, pero finalmente me impliqué tanto que acabé convirtiéndome en eso, con algunos dolores de cabeza incluidos.

La verdad es que el incidente con Hugo Chávez podía haber roto todos los puentes con Venezuela, pero es una prueba fehaciente de que si la diplomacia hace bien su trabajo resulta posible superar situaciones complicadas con buenos oficios.

Recuerdo perfectamente aquel 10 de noviembre de 2007, en el centro de convenciones de Santiago de Chile, durante la XVII Cumbre de jefes de Estado y de Gobierno. Como si fuera ayer.

Chávez estaba desgranando un discurso de esos interminables que tanto le gustaban, a la manera de Castro, y de repente, en mitad de su parlamento, se acordó de Aznar y empezó a enredarse en referencias a él, hasta llegar al insulto. Presidía la reunión Bachelet, que quizá debía haberle parado los pies. Pero, o no se atrevió, o a lo mejor ella ni siquiera estaba prestándole atención, porque la intervención del Presidente de Venezuela parecía que no iba a acabar nunca, y porque estas cumbres reúnen a veintitantos dirigentes políticos de otros tantos Estados latinoamericanos, que hacen discursos de cuarenta minutos o una hora, y a veces resulta inevitable desconectar.

No era en ese momento nuestro caso. El rey y yo empezamos a mirarnos con cara de sorpresa ante los improperios que iba soltando Chávez contra Aznar, al que llegó a calificar de fascista y lacayo de Bush, y el monarca me comentó al oído: «Yo creo que tengo que hacer algo, porque si no en España no sé qué va a pasar». Le pedí la palabra a Bachelet y pude decir algo así como «Oye, presidente, deja de meterte con el expresidente español, esas palabras están fuera de lugar y resultan ofensivas». Pero Chávez seguía a lo suyo, sin parar de hablar, hasta que Juan Carlos, que lo miraba fijamente, lo señaló con la mano antes de soltarle a la cara: «¿Por qué no te callas?», para que pudiera seguir hablando yo. La reprobación del rey había que entenderla en el contexto, pero cuando la oí casi me da una taquicardia. Pero, en efecto, Chávez se calló y aproveché para recordarle que Aznar era un presidente que había sido elegido democráticamente y que se merecía respeto. Por cierto, Aznar me llamó después para darme las gracias. La primera y la única vez en que se produjo una llamada así. Yo también se lo agradecí.

Recuerdo que en ese mismo acto, al finalizar los debates, cuando pude abordar al presidente Chávez para explicarle por qué había tomado la palabra para defender al presidente Aznar, note en él una sorpresa, una sorpresa bienintencionada, porque él consideraba que, siendo o habiendo sido aquel un rival muy duro para mí, el hecho de que él lo criticara no tenía que molestarme, sino al revés. Entendí una vez más que siempre hay que advertir las diferencias que existen en los contextos culturales y políticos entre los distintos países o regiones del mundo. Lo que a nosotros nos pareció, y a mí en particular, muy poco aceptable, que es la crítica de un presidente a un expresidente en una cumbre de países hermanos, seguramente en Venezuela podía parecer normal.

El fin justifica los medios

Volviendo a la visita de Zambrano, me quedé muy preocupado por el panorama que me describió de Venezuela, meditando qué es lo que podía hacer yo en relación con su petición. Pocos días después, me vino a ver a Madrid Thomas Shannon, que entonces era el número tres del Departamento de Estado —y que interinamente ocuparía la Secretaría de Estado durante los últimos días del segundo mandato de Barack Obama—, para animarme también a ejercer esa tarea de mediación.

Shannon era en aquel momento el hombre del Gobierno estadounidense de Obama para Venezuela, al que no conocía pero con el que luego he mantenido una buena amistad. Ahora ya no está en la actividad pública, tiene su propio bufete, y era un gran diplomático que conocía y entendía muy bien Latinoamérica. Me vi varias veces con él sobre el asunto de mi mediación. Recuerdo, en particular, una reunión en Londres en la que analizamos qué podía pasar si, como finalmente ocurrió, la oposición ganaba las elecciones a la Asamblea Nacional de diciembre de 2015.

Como suponíamos, el conflicto se hizo aún mayor y no resultaba fácil ponerse en medio. Creímos que el mejor modo de aterrizar en Venezuela no era yendo de la mano de un líder opositor, sino siendo aceptado como observador del proceso electoral. Pero, claro, necesitaba un aval lo más cercano posible al Gobierno de Maduro. Como es fácil de suponer, los observadores electorales tenían que pasar muchos filtros. Se me ocurrió entonces llamar a Juan Carlos Monedero, que había emergido como una de las figuras de Podemos, y a quien ya conocía. Sabía que había asesorado a Chávez durante un largo periodo, y también a otros gobiernos latinoamericanos de izquierdas. Así que le expliqué un poco la idea y prometió echarme una mano. Y, gracias a sus gestiones, me llegó la invitación para ser observador del proceso.

Dicho esto, después de casi una década viajando a Venezuela y conociendo bien sus resortes de poder, creo que estoy en disposición de afirmar que las relaciones y las influencias de Podemos como tal con el chavismo fueron mucho menores de lo que se ha dicho, había gran parte de leyenda en eso.

Cuando, en mi consideración de observador, llegué a Caracas, hice ya una declaración en el aeropuerto lleno de cámaras. Entonces dije que venía a ayudar a Venezuela, que venía a colaborar en sus elecciones. Y solo añadí que no me gustaría en ningún caso que nadie me considerara un injerencista en relación con la situación política del país. Hice esa declaración, tratando de expresar respeto, y a los dos minutos me llamó Delcy Rodríguez, que era entonces la canciller, y me soltó: «¡Qué declaración! ¿Viene usted a cenar?».

Ahí empezó mi relación con ella y con el Gobierno chavista. Al día siguiente, me reuní con Nicolás Maduro. Toda su preocupación en aquel momento era qué iba a pasar en las elecciones y cómo conseguir el reconocimiento del resultado. Recuerdo a Maduro diciéndome: «No tenga ninguna duda de que, si mañana perdemos, vamos a reconocer el resultado». Y así fue.

Como sucede con muchos conflictos, el de Venezuela se venía fraguando desde hacía más de veinte años y es muy difícil avanzar en la recuperación de la estabilidad del país. A mí así me lo parece y por eso tengo la sensación de no haber logrado hitos importantes.

Cuesta mucho convencer a las partes, a diferencia de otros contenciosos, de otros procesos delicados. Es francamente difícil consolidar avances. Y ha sido tal el mensaje que ha llegado de Venezuela que cuesta mucho aproximarse a la cuestión con un punto de equilibrio.

Lo cierto es que en el país existe un conflicto ideológico y político de fondo que viene desde el Caracazo de 1989, cuando las protestas por la subida del precio de la gasolina y los transportes por parte del Gobierno de Carlos Andrés Pérez terminaron en una masacre en la que murieron miles de personas a manos de la Policía Metropolitana, el Ejército y la Guardia Nacional, en sus intentos de controlar la situación en el país. Venezuela, que era uno de los países más estables de su continente, entró en una crisis de endeudamiento a partir de la caída de los precios del petróleo, tras el *boom* registrado en los setenta, y el país entró en una espiral que terminó con la llegada de Chávez al poder.

En la actualidad, hay dos visiones de la realidad totalmente enfrentadas en Venezuela. Una es claramente proestadounidense y la otra, totalmente antinorteamericana. Unos creen que la culpa de todos los males la tienen el chavismo y esa voluntad de reparto utópica de la riqueza que solo trajo corrupción y pobreza. Y, otros, los chavistas, están convencidos de que todos los males son a causa de la conspiración de Miami y de los grandes poderes americanos, que se quieren quedar con el petróleo y las riquezas naturales del país. Así que chocan dos maneras antagónicas de interpretar la realidad. Y, a su manera, ambas son muy poderosas. La oposición es poderosa por el apoyo internacional que tiene. Y el chavismo ha sido poderoso porque ha llegado a representar el 60 % de los votos y, además, tiene detrás un ejército que lo protege.

Porque el Ejército venezolano es nacionalista, pero sobre todo se considera vertebrador de la nación. Tiene su lógica, no por una cuestión territorial interna, sino por una cuestión de dependencia externa, es decir, de soberanía. La oposición está vinculada a Estados Unidos y los militares rechazan ser una colonia norteamericana.

El tránsito de la Cuarta a la Quinta República se inició, insisto, con el Caracazo. Nadie puede aproximarse a entender la Venezuela de estos últimos treinta años sin conocer lo que significó el Caracazo, que fue una revuelta popular. La primera desde hacía mucho tiempo, pero muy social, donde el Ejército reprimió con extrema violencia las protestas, hasta el punto de matar a miles de personas, aunque las cifras oficiales rebajan esta cifra a unos cientos. Hay un antes y un después en la historia del país tras aquella tragedia. Aquellos incidentes fueron el embrión de un movimiento de respuesta, de cambio radical, que se conforma en torno a la figura populista de Chávez. Curiosamente, las cosas son así. La izquierda, que se hizo cargo de la dirección del chavismo, estaba muy ideologizada, pero con una oposición que conspiraba sin parar, y en este contexto se pusieron las bases de la Quinta República.

Ambas partes interiorizaron que el fin justificaba los medios. Un golpe de Estado en Venezuela no está tan mal visto. He estado con gente que me ha reconocido que ha estado conspirando para dar una asonada y lo dicen con total tranquilidad, como si fuera la cosa más natural del mundo. Allí nadie se sorprende de que los norteamericanos fomenten un golpe, como hemos conocido con pelos y señales que hicieron en Chile, hace cincuenta años, con Salvador Allende en el poder. Los insurgentes nacionales se defienden sin tener problemas morales, porque creen que están sometidos a un permanente golpe de Estado, que solo busca el interés de las élites proamericanas. Entonces, cuando el fin justifica los medios, la democracia lo tiene mal para crecer y desarrollarse como sistema. Y eso ha estado latente durante muchos años con una mayoría social chavista. Pero una parte de la burguesía de Venezuela, de la derecha venezolana, nunca aceptó el Gobierno de Hugo Chávez. Cuando tenía el 60 % de los votos tenía que estar callada, pero cuando Chávez se debilitó, a causa de sus errores manifiestos, la ofensiva que emprendieron fue total y fueron a buscar al amigo americano para que les echara una mano. Esta es la base del conflicto.

Me he sentido útil ayudando en Venezuela

Maduro no posee el liderazgo de Chávez, ni su proyección pública, pero, como ha demostrado, es más listo de lo que la gente se cree. Pienso que muchos lo subestimaron. Es un hábil negociador y, por supuesto, es un resistente. Se trata de un sindicalista muy ideologizado, con el que uno puede discutir durante horas sobre el marxismo y que presume de ser muy amigo de los cubanos. Maduro es un político que negocia y negocia bien, sabe transaccionar con inteligencia.

La supervivencia del personaje, aparte de su gran capacidad de resistencia, se ha debido también al gravísimo error de la Administración Trump, que, inspirándose en el Grupo de Lima y contando con el apoyo europeo, quiso cambiar el Gobierno de Venezuela. El llamado Grupo de Lima se puso en marcha en el momento en que las derechas tenían la mayoría de los gobiernos de Latinomérica. Esta instancia multilateral acabó teniendo el apoyo de una veintena de países americanos y se formó con la intención de acompañar a la oposición venezolana para buscar una salida a la crisis que vivía el país. Pretendían conseguir la liberación de los presos políticos y la celebración de elecciones libres, ofreciendo ayuda humanitaria y criticando la ruptura del orden institucional en Venezuela. Esto es importante recordarlo. Yo estaba allí y viví esos movimientos en directo. Ellos formularon su propio discurso político amparados por Trump.

Hay alguien que sabe mucho de eso, la excanciller argentina Susana Malcorra, que es una persona muy inteligente y que, ante el cariz que estaban tomando los acontecimientos, decidió que Argentina se retirara del colectivo. El discurso del Grupo de Lima, cuando lo integraban una mayoría de derechas y Trump estaba en la Casa Blanca, era claro: «Esta es la nuestra, ha llegado el momento de acabar con el bolivarianismo». Nos lo formularon así: «Le ha llegado la hora al muro de Berlín de Latinoamérica y a esta izquierda pegajosa que todavía manda». Se trataba de poner las bases para derribar los gobiernos de Venezuela, Nicaragua y Cuba. Y este fue el discurso, sin demasiados miramientos. Pero, en todo caso, Venezuela era el gran objetivo, convencidos de que Chávez había abierto un reguero de izquierdismo que desafiaba al Imperio americano. Entonces se inventaron toda la Operación Guaidó, que no tenía precedentes. No había habido nunca un proceso en el que las democracias fabricaran una estrategia a medida, para después reconocer un gobierno alternativo, confiando en echar al poder constituido.

Juan Guaidó era un ingeniero, dirigente del Partido Voluntad Popular, a quien la oposición designó como presidente del Parlamento y que se autoproclamó presidente encargado de Venezuela, coincidiendo con el momento en que Maduro convocó elecciones. Su liderazgo estuvo en disputa casi dos años, durante los que incluso la Unión

Europea lo reconoció como presidente legítimo, aunque Maduro continuaba controlando las instituciones del Estado. Finalmente, salió del país hacia Colombia, antes de marchar rumbo a Estados Unidos. Poco después, la Administración Biden restableció la relación con Maduro.

Viajé a Venezuela en muchas ocasiones. No me consideraba más o menos listo que otros interlocutores, pero sí estaba sobre el terreno escuchando a muchos actores políticos y pronto me di cuenta de que la Operación Guaidó no saldría bien y además comportaba riesgos. Porque no había, reitero, precedentes de que las democracias reconocieran en un país un Gobierno alternativo al existente. Eso fue un error grave de la UE, que casi me atrevería a calificar de impropio. Lo advertí a altos responsables de las instituciones europeas, pero no me hicieron caso.

Había que conocer bien cuál era la realidad del país, tener mucha información sobre lo que estaba pasando. La presión internacional hizo que muchos venezolanos cerraran filas en torno a Maduro, pues no querían ser manejados desde fuera. Las políticas trumpistas generaron rechazo en muchos países latinoamericanos y el resultado fue que ganaron las elecciones gobiernos de izquierdas.

Fue especialmente significativo el papel que desempeñó Estados Unidos en Brasil contra la figura de Lula da Silva, a quien se le acusó de participar en el escándalo de corrupción de Petrobras. Fue condenado por «corrupción pasiva» y encarcelado durante 580 días, lo que le impidió presentarse a unas elecciones que ganó el trumpista Jair Bolsonaro, quien no sintió ningún pudor al nombrar como ministro al juez Sergio Moro. Este magistrado había condenado a Lula sin tener competencia para ello, como demostró la Corte Suprema de Justicia de Brasil, que anuló las supuestas pruebas de corrupción y sostuvo que el encarcelamiento había sido un error histórico. Poco después ganaba las elecciones y era investido por tercera vez como presidente del país.

Pronto me di cuenta de que el Grupo de Lima era una iniciativa que iba a dar paso a un ciclo de izquierdas en el continente, porque lo que se proponía era acabar con el comunismo en Latinoamérica. Y en más de una ocasión pude decirles a algunos de sus impulsores que, antes que acabar con el comunismo, debería ser prioritario terminar con la pobreza. Pero, además, les preguntaba dónde había comunismo. Y lo primero que respondían era que en Cuba. Pero si en Cuba ya no se puede decir ni que sea comunista ni que no lo sea. Aquellos postulados ideológicos tenían poco en cuenta las políticas sociales y de igualdad que reclamaban los ciudadanos en Chile, en Ecuador, en México, en Perú, en Colombia o en Argentina. La derecha amenazaba con que, si ganaba la izquierda, los países podían acabar como Venezuela. No es que la gente quisiera ser como Venezuela, es que no se le puede meter a la gente el miedo en el cuerpo para concluir diciéndoles: «Haremos lo que diga la Casa Blanca».

Una de las experiencias más duras que he conocido en mi vida política, ya como expresidente, ha sido comprobar cómo actúan las agencias americanas. Al menos en Latinoamérica, pero imagino que ejercerán de la misma manera en todo el mundo. La primera democracia del mundo no se pone ningún límite para conseguir los fines que se propone y eso me parece terrible. Lo habíamos descubierto cuando Nixon y Kissinger debatían sobre cuál era la mejor manera de perpetrar el golpe de Estado en Chile contra Salvador Allende. John Bolton, exconsejero de Seguridad Nacional y estrecho colaborador de los presidentes Ronald Reagan, Bush padre y Bush hijo y Donald Trump, explica en sus memorias cómo la Casa Banca orquestaba golpes de Estado en el extranjero.

Uno de los últimos casos que plantearon, tras impulsar las sanciones contra el Gobierno de Maduro después de que este fuera elegido en el cargo en 2018 en unas elecciones que la oposición consideró fraudulentas, fue precisamente intervenir en Venezuela, cosa que el Pentágono rechazaba de pleno, porque consideraba que sería un error que costaría caro. De hecho, animaron al opositor Leopoldo López, líder del Partido Voluntad Popular, para que escapara de su prisión domiciliaria e hiciera un llamamiento a los militares del país pidiéndoles que abandonaran a Maduro. Al mismo tiempo, Bolton enviaba un mensaje en Twitter al ministro de Defensa venezolano, Vladimir Padrino López, y al presidente del Tribunal Supremo de Justicia, Maikel Moreno, para que aceptaran la amnistía que ofrecía Guaidó, protegieran la Constitución y removieran a Maduro. En caso contrario, se les advertía de que se hundirían irremisiblemente en la miseria. En las páginas de su libro explica, además, que le dieron mil millones de dólares a la oposición para intentar tumbar al Gobierno.

El intento de golpe era un disparate: no se pueden inventar gobiernos de la noche a la mañana con funcionarios que no responden ante nadie, sin un Parlamento y sin un marco legal. Luego, cuando Guaidó fracasó, salió diciendo que solo se había gastado 150 millones, que era una manera de reconocer que Estados Unidos había financiado la operación. En mi opinión, aquel sainete es uno de los episodios más lamentables de la política exterior estadounidense, de la diplomacia internacional y de la gestión de procesos para superar los conflictos.

Es difícil predecir el porvenir de Venezuela, pero es evidente que en los tiempos más recientes, con la presidencia de Joe Biden, la elección de una mayoría de gobiernos progresistas en Latinoamérica y el desplazamiento de la conflictividad del mundo hacia Oriente Medio, ha bajado la presión sobre el país. Aunque en este momento está en cuestión el acuerdo con la oposición para la celebración de las próximas elecciones, ahora, afortunadamente, hay más diálogo que en el pasado. Venezuela ha mejorado sus relaciones con Colombia y con Brasil, con la llegada al poder de Gustavo Petro y Lula da Silva. El régimen bolivariano está menos aislado. La propia Unión Europea se comprometió a revisar las sanciones tras los primeros acuerdos alcanzados entre el Gobierno y la oposición en Barbados de cara a la celebración de elecciones presidenciales. Por cierto, fue España, en primer término, quien consideró que había llegado el momento de levantarlas, aunque este proceso siga abierto.

La política mejora, pero la vida de la gente no acaba de hacerlo. Los ciudadanos están pasando hambre en Venezuela, mientras hay en torno a veinte mil millones de la República de Venezuela retenidos en Estados Unidos, en el Reino Unido o en Portugal. Esto supone un lamentable fracaso de la comunidad internacional.

Uno siempre intenta consolarse con la tarea que ha llevado a cabo, que ha costado muchos esfuerzos. Ciertamente, se ha evitado una guerra civil, que perfectamente podía haber estallado en Venezuela. Llegó un momento, a finales de 2017, en que el oficialismo se impuso en los comicios electorales, la oposición se dividió, se agudizó la crisis económica y las protestas se adueñaron de las calles. Recuerdo que hubo grandes manifestaciones y que la violencia se desbordó por ambas partes. Hubo más de un centenar de muertos y miles de heridos, jóvenes que en su desesperación se quemaron a lo bonzo. Fue un momento muy delicado de la vida del país. Un conflicto civil en Venezuela habría sido un conflicto civil en Latinoamérica de dimensiones imprevisibles. Afortunadamente, se abrió una primera vía de diálogo en Santo Domingo para evitar la tragedia.

Espero que el futuro de Venezuela responda a las reglas de la paz, la libertad y el progreso. Algo se ha avanzado. Los esfuerzos que algunos hemos hecho no han sido en vano, aunque no siempre fueran comprendidos. Habré pasado más de doscientos días allí. He hecho cincuenta y seis viajes de una media de tres o cuatro días. Pero, además, he visitado terceros países para contribuir a solucionar problemas de Venezuela.

He mantenido una buena interlocución con el Gobierno venezolano y también con una gran parte de la oposición.

He procurado ayudar a ese país y a sus ciudadanos, sin distinción ideológica. Me he interesado por lograr la libertad de venezolanos en situación de prisión. Y en bastantes ocasiones he podido lograrlo.

Haciendo balance de mi labor como mediador, creo que ha valido la pena, porque me he sentido útil de poder ayudar en Venezuela y a los venezolanos. Como he dicho, decidí hacerlo después de que me lo pidiera la oposición, consulté sobre la oportunidad que se abría con la diplomacia de Estados Unidos, que me animó a ello, e informé siempre al Gobierno de España, que mantuvo una exquisita discreción. Y, si se me requiere, en un futuro inmediato pueden seguir contando conmigo.

Si de algo puede servir la lección personal, y una intensa experiencia de acción y acompañamiento como la que he tenido en Venezuela, es que solo el diálogo, la palabra y la aproximación pueden dar frutos positivos a la hora de fortalecer la democracia, la convivencia, el futuro económico... Y que siempre es necesario aproximarse a un país, o a un conflicto, sin prejuicios. Cuando hay una mediación, tienes que saber que el afán por alcanzar la convivencia y la paz debe guiar todo tu comportamiento; nada será posible sin un tiempo de paz. Ni la democracia, ni el progreso social, ni, por supuesto, el reencuentro de un país consigo mismo.

EN TORNO A CATALUNYA

Nunca pensó en un elefante

El lingüista y científico cognitivo de Nueva Jersey George Lakoff fue recibido por José Luis Rodríguez Zapatero a mitad de su mandato. Por aquellos días, su libro No pienses en un elefante *fue un manual que circuló por los despachos de la sede del PSOE en Ferraz. El paquidermo es el símbolo del Partido Republicano y con su metáfora intentaba que sus rivales progresistas no se dejaran arrastrar por el marco mental que les imponían sus rivales.*

Zapatero entendió el mensaje de Lakoff, pues se parecía mucho a lo que él había defendido siempre. Lakoff aconsejaba que no hay que esconder lo que uno piensa, pero es imprescindible explicarse; hay que saber que no siempre las cosas suceden como uno preveía, pero resulta posible adaptar el relato en los momentos más difíciles. Y, sobre todo, sugería no actuar a la defensiva en el debate político, sino afirmarse en los propios valores morales.

El expresidente socialista, que ha sido un personaje clave en el resultado electoral del PSOE el 23-J, no tuvo ninguna duda, desde el primer momento, de que la amnistía era posible para alcanzar un pacto con el independentismo. Lo habló con Pedro Sánchez, aunque este había declarado apenas una semana antes de ir a las urnas que no habría esta medida de gracia. La tesis de Zapatero era clara: no solo resultaba la llave para seguir en la Moncloa parando la posibilidad de que la derecha llegara al poder de la mano de la extrema derecha, sino que además podía servir para solucionar la situación de Carles Puigdemont, expatriado en Waterloo desde hacía seis años. Siempre creyó que el escenario de un presidente de la Generalitat ante un tribunal que lo condenara en Madrid habría sido un desastre, porque incluso los catalanes no independentistas podrían haberse sentido violentados. Siempre ha tenido muy claro que la Generalitat es una institución muy interiorizada en la sociedad catalana. Y, por otro lado, la manera de cerrar la puerta del procés *era resolviendo el regreso de Puigdemont. Por cierto, doy fe de que, a mediados de septiembre, en su despacho, cuando nadie daba un euro por el acuerdo entre PSOE y J×Cat, me manifestó que habría acuerdo sobre la amnistía y que Sánchez volvería a ser presidente del Gobierno: «¿Estás seguro?». «Totalmente seguro, créeme». Y esa sonrisa ancha que le hace arquear la ceja y achinar los ojos se le dibujó en el rostro.*

Tengo la sensación de que Zapatero ha intervenido con discreción para el acercamiento entre los socialistas y los posconvergentes. Él no suelta prenda, aunque cuando dice que «está para ayudar» da pistas sobre su intervención, que tarde o temprano se sabrán. En Catalunya, su figura tiene un gran predicamento: ya nadie le echa en cara que un día dijera como candidato socialista que apoyaría el estatuto que saliera del Parlament y luego como presidente no pudiera defenderlo íntegramente en el Congreso porque invadía competencias de otras instituciones. Al contrario, siempre en las cuestiones catalanas ha estado dispuesto a escuchar y a colaborar. E incluso ERC ha llegado a plantear que pudiera ser un mediador en su relación con el Gobierno español. Y resulta muy respetuoso con el sentimiento nacional catalán. En los últimos años ha venido a menudo a Catalunya y siempre ha sabido el terreno que pisaba. Entiende que la batalla de la derecha contra el Estatut, con recogida de firmas del PP por toda España, y la batalla ideológica en el Tribunal Constitucional cuando ya lo habían votado los catalanes, encendiera los ánimos de muchos ciudadanos, que se sintieron maltratados. Pero no acaba de comprender cómo los independentistas llevaron a la sociedad catalana a un laberinto sin salida. Está convencido de que defraudaron a los suyos porque improvisaron un plan del que no disponían, cuando habían afirmado que lo tenían todo previsto.

En Catalunya conoce bien todas las instituciones. En todo caso, la única que no ha pisado es el Camp Nou, a pesar de ser barcelonista de corazón. En un par de ocasiones estuvo a punto de ir al palco siendo presidente, pero siempre surgió un problema de última hora. Al menos pudo presenciar dos finales de Champions League en las que jugaba el Barça: en París y en Roma. Es un hombre con suerte incluso en eso; en las dos su equipo levantó la copa.

M. C.

El 1-O todos nos hicimos daño

Catalunya ha estado en una búsqueda de su identidad política durante décadas, partiendo de un nacionalismo que se crea y se retroalimenta, en gran medida, de la incompetencia en buena parte del Estado español y, por supuesto, de los periodos de autoritarismo. Es la Catalunya que impulsó la revolución industrial, de la que la derecha española dirá que es una región privilegiada, pero que posee una sociedad emprendedora, moderna, europeísta, que se convertirá en la locomotora de todo el país. Pero, además, se trata de un territorio y de unas gentes que tienen una lengua propia.

Ese contexto fue la semilla que hizo brotar un nacionalismo romántico en la recta final del siglo XIX y que rebrotó al final del franquismo y durante la Transición. Con la democracia, España se convirtió en un Estado igualmente moderno y europeo, y Catalunya aspiró entonces a que se le reconociera plenamente eso que Jaume Vicens Vives calificaba como su «voluntad de ser». La voluntad de un reconocimiento identitario en una España igualmente moderna y europea generó un dilema: había que participar o no de aquel resurgir colectivo.

Vicens Vives veía al Estado español como un minotauro que contenía a Catalunya en su laberinto, pero en la España del cambio se había transformado en Teseo, con la Unión Europea como la Ariadna que le permitía salir del oscurantismo y conectar con la modernidad. Nunca vaticiné que pudiera terminar en un proceso como en el que acabó, pero es verdad que me di cuenta, tan pronto como llegué al Gobierno, de que esa inconcreción del papel de Catalunya, esa no resolución de su identidad política, producía dudas en los dirigentes catalanes sobre si era posible o no realizarse plenamente en una España que marcaba su propio paso. Y así, por los errores de unos y de otros, se produjo el cataclismo.

Pero la vida política me ha enseñado que los procesos, por complicados que sean, los momentos, por críticos que parezcan, la realidad, por negativa que resulte, siempre permiten sacar consecuencias positivas, rehacer caminos y evitar errores futuros. Ahora mismo, pienso que el *posprocés* aún está por definir. Nos encontramos todavía en la fase de convalecencia. Ha habido heridas graves y lesiones considerables, pero no me parece que resulten irreversibles; al contrario, creo que podríamos estar iniciando una nueva fase de superación de desencuentros.

En este periodo de recuperación y restablecimiento, los independentistas catalanes tienen que asumir las lecciones de 2017. Y la primera es tener claro que el mundo los miró, sí, pero con extrañeza, sin simpatía, casi con displicencia. Nadie entendió lo que había pasado. Y nadie los reconoció. Ni Corea del Norte, aunque solo fuera para molestar a Occidente. Ni siquiera los propios secesionistas se lo creyeron, porque no publicaron nunca en el DOGC su declaración de independencia. Por no hacer, ni se atrevieron a bajar la bandera española de la Generalitat. La advertencia para el independentismo fue clara: en la vida eres no lo que crees que eres, sino cómo te ven los demás. Eso vale para las personas y también para los países, para las naciones. Robert Burns, un poeta escocés, escribió: «Si nos fuera dado el poder de vernos como nos ven los demás, de cuántos disparates y necedades nos veríamos libres». Lo que deberían entender los soberanistas es que el mundo percibe a Catalunya, y especialmente a Barcelona, como un lugar de progreso, de cultura europea y en España. Eso no lo cuestiona nadie. Este es un aprendizaje que el independentismo debería asumir para siempre.

El *procés* también debería haber servido de lección para España: a Catalunya hay que entenderla, hay que aproximarse a ella y hay que quererla. Soy de los que están convencidos de que en el 1-O de 2017 todos nos hicimos daño por una razón fundamental: siendo verdad que el día 2 nadie reconoció a Catalunya como Estado, no es menos cierto que todo el planeta contempló extrañado unas fotografías de familias que iban a votar y a las que la policía reprimía con especial dureza. Los independentistas se saltaron las reglas, pero el Gobierno no pudo hacerlo peor.

Aquel primero de octubre fue la demostración clara de adónde nos lleva una política estrictamente de confrontación, sin diálogo, sin capacidad de acercamiento, sin afectos. Siempre he pensado que hubo un momento importantísimo en 2012, cuando se dieron los primeros pasos hacia una situación que desembocó en una ruptura y que ha tenido costes altos para todos. En pocos meses, se fue produciendo una aceleración de la tensión sin que nadie pusiera freno. Las declaraciones de unos y otros eran cada vez más rotundas, se perdió la empatía y la desconfianza no pudo ser mayor. Las resoluciones de los independentistas, con mayoría en el Parlament, acabaron en leyes —o presuntas leyes— contrarias al Estatut y a la Constitución. El Estado o, para ser más exactos, el Gobierno central podría haber reaccionado de otra manera, adoptando una posición más inteligente, como se había hecho en los primeros años de la Transición y aun más tarde, como cuando el Parlamento vasco declaró el derecho a la autodeterminación.

Creo que hay un momento en que Mariano Rajoy, que venía de que le pusieran la etiqueta de ser un político débil con la izquierda, acusó la presión mediática a la que los medios afines lo sometían para reaccionar con contundencia. Y al mismo tiempo, le transfirió una parte de responsabilidad al Tribunal Constitucional como garante último de la unidad de España, olvidando que este es garante de la Constitución, que no es lo mismo. Recuerdo que el día de su despedida como presidente del Alto Tribunal, Francisco Pérez de los Cobos, que no era dudoso de nada porque había sido militante del PP, no pudo evitar recriminar al Gobierno de Rajoy que le hubiera traspasado al Constitucional una responsabilidad que no le era propia, ya que, por esta razón, puso en riesgo su independencia y credibilidad. En cualquier caso, después del portazo de Rajoy a Mas por la negativa a hablar del pacto fiscal, el *procés* se aceleró sin que nadie lo frenara, hasta el punto de que las partes pensaron que ya no había ningún espacio para el diálogo. Yo ya no era el líder del PSOE, pero visualicé que se nos venía encima una grave crisis, con un conflicto en la calle que amenazaba la paz social. Recuerdo una conversación con Rubalcaba, que apoyaba el uso del Tribunal Constitucional como último muro para contener a los independentistas. Estuvimos hablando de la propuesta de reforma del Estatuto de Autonomía del País Vasco (Plan Ibarretxe) presentada por Juan José Ibarretxe, con el que nos encontramos, tras haberse gestado bajo la segunda legislatura de José María Aznar, y que provocó la reforma del Código Penal hasta llegar a tipificarse la convocatoria de un referéndum como un delito, singular, específico, con penas de tres y cinco años de prisión. Un cambio que después derogué como gesto de buena voluntad con el nacionalismo vasco. Pero entonces Ibarretxe iba lanzado con su plan, con un PNV que le dejó hacer, porque la idea de un Estado libre asociado le sonaba bien a una parte de la sociedad vasca.

Con el lendakari apliqué el método del diálogo y de la palabra. Me reuní varias veces con él en la Moncloa. Pero no me podía sacar de la cabeza cómo iba a parar la consulta en caso de que nos pusieran las urnas. Contábamos con la Guardia Civil, pero el escenario podía resultar trágico si llegábamos a ese punto. Nuestros expertos en seguridad nos decían que muchos vascos irían con los niños a votar y eso impediría el uso de la fuerza, si no queríamos causar una tragedia. Pero es que allí, además, ETA seguía asesinando y cualquier movimiento en falso podía provocar que esta actuara con violencia como respuesta a cualquier actuación fuera de lugar. Y le dimos vueltas a cómo conseguirían las urnas llegado el caso.

Es evidente que nos hicimos las mismas preguntas que se debió de hacer años después el Gobierno de Rajoy en 2017. Pero fuimos más proactivos: pusimos en marcha nuestro propio plan para intentar resolver el conflicto. Hablé muchas veces con Josu Jon Imaz, que había sustituido a Xabier Arzalluz como presidente del PNV casi al mismo tiempo en que me convertí en presidente del Gobierno español. Al final, invité a Ibarretxe a la Moncloa para buscar un acuerdo que pudiera ser satisfactorio para todos. Recuerdo como si fuera ahora que le dije: «Pero lendakari, es que no te voy a dejar hacer un referéndum. Es que no puedo, ¿sabes?». Entonces le propuse como alternativa que viniera al Congreso y lo debatiéramos democráticamente. En la rueda de prensa posterior, lo primero que le preguntaron los periodistas fue si iba a haber un referéndum en Euskadi. Yo lo estaba viendo por televisión y vi que titubeaba, pero finalmente explicó que iban a usar las Cortes españolas para debatir el plan que tenía para el País Vasco. En ningún momento dijo aquello de «referéndum o referéndum» de Carles Puigdemont. Le pedí al PP que se moderara cuando se produjera la sesión con el lendakari en el Congreso de los Diputados. Y la escenificación no pudo salir mejor. Y es que los parlamentos no son un teatro representativo, son la esencia de la política. Cuando se debate, se presupone que estás reconociendo al otro, que estás escuchando sus razones.

Un año después, fuimos capaces, con Artur Mas, de alcanzar un acuerdo sobre el proyecto de Estatut de Catalunya. Celebramos una reunión en la Moncloa de la que nadie se enteró hasta que se hubo producido y que se prolongó por seis horas, durante la cual llamamos varias veces a Josep Antoni Duran Lleida, como portavoz de CiU en el Congreso. Fue un último intento de salvar un proceso que se iba contra las rocas. Cerca de la medianoche conseguimos un acuerdo que consideré que podía resultar trascendental para el encaje de Catalunya.

Al día siguiente, almorcé con el secretario general de ERC, Josep Lluís Carod-Rovira, y su portavoz en Madrid, Joan Puigcercós, que se mostraron más reticentes. Por cierto, que las tensiones vividas entre convergentes y republicanos entonces me recuerdan mucho a las que se ponen en evidencia ahora. Y eso es un inconveniente para el Gobierno, porque tiene dos interlocutores que se disputan el mismo espacio político en el independentismo y que quieren su cuota propia de protagonismo, lo que complica la solución de los problemas. En mi caso, pacté el Estatut con CiU y al final se abstuvo ERC, pero es que inmediatamente después acordé la nueva financiación con los republicanos, que estaban como socios en el Gobierno de la Generalitat, y entonces quien se abstuvo fue CiU.

La palabra «nación» aparecería en el preámbulo del texto estatutario, se incorporaba una cesta de impuestos y se cambiaba el modelo de Agencia Tributaria. Lo consulté con el presidente José Montilla, y le pareció una buena solución. Recuerdo que Mas hizo una gran defensa del acuerdo, al que llamó «pacto de Estado», y que consideró públicamente que era bueno para Catalunya y para España. El líder de CiU anunció una implicación más a fondo en la política nacional por parte de la coalición nacionalista.

Luego, la derecha política emprendió una campaña de recogida de firmas por toda España, que comportó el boicot a los productos catalanes, lo que supuso una utilización capciosa de la política, que tuvo costes económicos, pero, sobre todo, emocionales. Un acto de irresponsabilidad que se acabó pagando caro, sobre todo cuando, además, el PP ejerció toda la presión imaginable sobre el Tribunal Constitucional para que este recortara el Estatut, cuando el Parlamento, que es el órgano de la soberanía popular según la propia Carta Magna, ya había efectuado cambios y su texto había sido ratificado por el pueblo catalán en referéndum. Tenía razón José Montilla cuando dijo que estos hechos comportaban la desafección de muchos catalanes, que no entendieron esta carrera de obstáculos —y zancadillas— del texto finalmente acordado en el Congreso.

Llegado a este punto, quiero precisar la frase que pronuncié en un mitin en el Palau Sant Jordi, al lado de Pasqual Maragall y ante quince mil personas, cuando era secretario general del PSOE desde hacía tres años, pero aún faltaban cuatro meses para llegar a la Moncloa. Me refiero a la expresión, a la frase «Apoyaré la reforma del Estatut de Catalunya que apruebe el Parlamento de Catalunya». El Estatut aún no se había convertido en el caballo de batalla de la derecha de este país, que fue la chispa que iba a encender el proceso político que desembocaría en los hechos de octubre de 2017. Yo hablaba sinceramente, pero es evidente que no podía apoyar aquellos aspectos que no fueran constitucionales, porque no podía hacerlo si era elegido presidente, como acabó ocurriendo. Lo he explicado muchas veces, pero seguramente es necesario repetirlo. Yo pensaba firmemente que un nuevo marco estatutario, como el que se llevaba demandando desde Catalunya, era ya necesario, un cuarto de siglo después de haberse aprobado el primero, coincidiendo con la Transición. Pasqual Maragall me convenció de que los cambios que se habían producido en el país, y las nuevas demandas de la sociedad catalana, lo requerían. Era plenamente consciente de que mi opinión sobre la redacción de un nuevo texto era importante y quise dar mi expreso respaldo a la iniciativa del PSC sobre el mismo, en aquel acto junto al presidente catalán, su principal impulsor.

Hay que recordar que, a pesar de los sucesivos avatares que hubo de superar el Estatut, casi dos años después de haberse refrendado por los catalanes, tras haberse aprobado inicialmente por el Parlament y luego por las Cortes Generales, en las elecciones generales de 2008 los socialistas obtuvimos un resultado excelente en Catalunya. A mi modo de ver, el punto de ruptura empezó en el momento en que el Tribunal Constitucional recortó algunos de sus artículos, y en particular cuando hizo cuestión de que en el Preámbulo se dejara constancia de que el Parlament hubiera afirmado el carácter nacional de Catalunya, no obstante afirmarse como nacionalidad en el artículo 1, de acuerdo con la expresión constitucional. Una desautorización innecesaria, en mi opinión, y que se sintió como un agravio. Que el Tribunal impugnara eso, como algunos otros aspectos sensibles, después de que se hubiera producido el referéndum aprobatorio resultaba a ojos de muchos un contrasentido democrático. También lo entendió así el Congreso pocos años después, cuando, con un acuerdo PP-PSOE, con el Gobierno de Rajoy, se modificó la Ley Orgánica del Tribunal Constitucional para que tal cosa no volviera a ocurrir.

La identidad nacional de Catalunya

Tengo una buena opinión de Artur Mas, una persona dialogante con la que me pude entender. Las formas son importantes en política y el trato con él fue cordial en todas las ocasiones en las que nos vimos. Siempre lo vi con intención de llegar a una solución pactada, sin ánimo de ruptura. Eso sí, defendía el mayor autogobierno posible, lo cual tenía toda la lógica del mundo: era, es, un nacionalista catalán.

Hace unos meses le oí decir que si hubiera un referéndum, él votaría independencia, pero a la vez me pareció entender que no tenía ningún entusiasmo en que hubiera una consulta. Lo cierto es que nunca me pareció un independentista. Considero que si él no hubiera dado un paso al lado, después de que la CUP le retirara el apoyo para conseguir la mayoría parlamentaria, habría podido convocar elecciones y obtener un mejor resultado que le permitiera gobernar. Y Catalunya hubiera transitado por otra vía. Me cuesta imaginar a Mas proclamando la independencia como lo hizo Puigdemont.

En muchos de los conflictos de raíz identitaria y territorial hay un elemento que siempre resulta determinante para poder alcanzar un entendimiento. Y este es el de que nadie considere que la otra parte lo tiene por un verdadero enemigo. Un error evidente y grave del independentismo fue llegar hasta el punto final, sin el amparo de la legalidad, sin el respeto a las leyes. Claro que la defensa de la independencia es una idea legítima, pero no puede llevarse a cabo vulnerando el ordenamiento constitucional.

Entiendo que el error por parte del Gobierno de Rajoy fue no haber anticipado lo que se le venía encima, no haberse hecho cargo de la situación. Soy de los que creen que, cuando tienes una voluntad política inequívoca y estás dispuesto a jugártela para que el conflicto no estalle, has de hacer todo lo que esté en tus manos para buscar una salida digna para todos. Cuando Rajoy quiso intervenir ya era tarde, y tampoco había una propuesta a la que los independentistas pudieran agarrarse. Ya había dos millones de personas ante unas urnas que pusieron de manifiesto la desafección radical hacia el Estado español. La mejor prueba de que la derecha en el Gobierno no se dio cuenta de que estaban ante un problema colectivo de gran envergadura fue que, después de aplicar el artículo 155 de la Constitución, que dejó a Catalunya sin autogobierno y obligó a convocar nuevas elecciones autonómicas, el independentismo sacó mayoría absoluta en las urnas. Es decir, el problema seguía vivo. El fuego no se había sofocado.

Y es evidente que el acceso al Gobierno de la izquierda, tras la moción de censura contra Mariano Rajoy, comportó la toma de medidas para calmar la situación en Catalunya, con un clima social muy cargado, con barricadas e incendios a diario en las calles del centro de Barcelona durante varias semanas. Pedro Sánchez ha intentado en los últimos años reconducir la situación, jugándosela en cuestiones como los indultos a los líderes encarcelados del *procés*, que la sociedad española ha entendido, mas allá del griterío de la derecha, que veía en cada medida la amenaza de que se rompiera España. Pero lo cierto es que no se quebró nada y que, en cambio, la política de reencuentro llevada a cabo por el presidente socialista ha supuesto un retroceso del independentismo y la normalización de la vida política catalana. El Gobierno de coalición está intentando recuperar una parte de afección dentro de lo que es el amplio espectro independentista para conseguir que el sentimiento nacional catalán pueda convivir y expresarse a través del Estado español. Este es en el fondo el debate que tenemos actualmente; de ahí la importancia, por ejemplo, de que el catalán sea una lengua oficial en Europa para demostrar que ese sentimiento, esa identidad, puede expresarse en el marco del Estado.

A Catalunya se le debe reconocer su identidad, singular, claramente nacional, y eso no va contra nadie. Me parece otro paso importante que las tres lenguas oficiales, además del español, como son el catalán, el vasco y el gallego, puedan hablarse sin problemas en el Congreso. Cuando me preguntan alguna vez qué asignaturas se me quedaron pendientes al dejar la Moncloa, una de las que me vienen a la cabeza es precisamente esta, haber conseguido el uso sin discriminación de las lenguas oficiales, además de en el Senado, en la Cámara baja, la que resulta políticamente decisiva en representación del conjunto de la ciudadanía.

La identidad catalana no solo tiene que ver con la lengua, la historia, las tradiciones o los sentimientos. Es evidente que tiene que ver también con el poder, con la financiación, con el reconocimiento de la diferencia... El reto es el de si seremos capaces de encauzar esa ambición de una forma correcta. La Constitución de 1978 y el primer Estatut de Autonomía supusieron un avance importante en esta dirección. La frustración por los recortes del segundo Estatut entiendo que fue recibida por una parte del nacionalismo catalán como la imposibilidad de tener más reconocimiento y de ahí que pensaran que tocaba dar el salto hacia delante, el salto en el vacío, de la declaración unilateral de independencia. Un paso profundamente equivocado, como se vio, con un alto coste personal y sin una salida política digna.

En más de una ocasión, les he insistido a los independentistas con quienes he tenido ocasión de hablar, sobre que la cuestión no es que tú te declares independiente en el Parlament; la cuestión es que alguien te reconozca como tal. Y eso siempre va a ser muy difícil porque el principio de integridad territorial de los Estados está absolutamente consolidado, y más si se hace a la brava y saltándose las reglas del juego. Entiendo que, en cierta medida, la sentencia del Tribunal Constitucional con el Estatut de 2006 pudo abrir paso a la incertidumbre y al conflicto. Y espero que la amnistía permita recuperar el entendimiento y abrir de nuevo el camino del reconocimiento de la identidad catalana en el marco del Estado.

Por otra parte, una sentencia penal como la del *procés* tuvo unas inevitables consecuencias políticas. Y esas consecuencias políticas pesan como una losa. El derecho penal y las sentencias perviven para siempre, ampliando la herida, una herida que es política en origen. Por eso, he sido un partidario vehemente de los indultos y de la amnistía. Las medidas de gracia son reparadoras. En mi opinión, si se quiere reconquistar voluntades para quienes hoy se sienten lejos de la convivencia entre Catalunya y el resto de España, si deseamos que se produzca un acercamiento sincero, resulta imprescindible hacer gestos de clara generosidad.

Lo inteligente es procurar convencer a esa parte de la población catalana que está distante de que no solo nos podemos entender, sino que además respetamos en verdad la pluralidad del Estado. Son ciudadanos y ciudadanas que se identificaron con el *procés* porque sintieron que, como catalanes, no se los escuchaba, no se los trataba como creían que les correspondía. Es evidente que se creó un imaginario a medida y que se entró en un camino que no conducía a ninguna parte y que además tuvo un final equivocado. Los políticos independentistas actuaron con irresponsabilidad. Y eso fue un desastre, también para la marca España. Pero ha pasado el tiempo, la situación es distinta y hay que explorar fórmulas para avanzar, dialogando.

La amnistía como oportunidad

A mí me gustó que Pedro Sánchez decidiera «hacer de la necesidad virtud». Porque, en efecto, el resultado electoral ha dado la oportunidad de reemprender el diálogo. Y es cierto que una amnistía, como la que está articulada en el acuerdo adoptado por el PSOE con sus socios, no estaba en el programa electoral del partido, entre otras cosas porque seguro que ni siquiera se planteó incluirla ni excluirla expresamente en él.

Siempre me pareció que si se juzgaba en un tribunal a Carles Puigdemont, en tanto que presidente que encarnaba a la institución que representa a los catalanes, ese sería un paso difícil de superar. En todas las ocasiones en que pude pronunciarme deseché esa hipótesis porque podría abrirse un abismo insalvable. Cuando te alejas de la presión y lo analizas fríamente piensas que es un sinsentido que un presidente elegido democráticamente esté fuera de España, con serias imputaciones jurídicas, pero con capacidad de ejercer como diputado en el Parlamento Europeo y pudiendo moverse libremente por el resto del mundo.

Personalmente, en la medida de mis posibilidades, he ayudado, ayudo y ayudaré, sin pretender protagonismo alguno, que no me corresponde, a buscar una salida al conflicto catalán, de ahí que defienda la oportunidad de la amnistía.

Y he colaborado, cuando me lo han pedido, para que PSOE y J×Cat se entiendan. Cuando en mi partido me preguntaron por el Centro Henri Dunant, a fin de disponer de un verificador de los acuerdos, les respondí que tenía la mejor opinión de ellos. Son personas muy profesionales y discretas, en quienes se puede confiar, que han ayudado a resolver procesos mucho más complicados, en Irlanda del Norte, Colombia, Venezuela... Y puedo dar fe de que su contribución para alcanzar la paz en el País Vasco y conseguir el final de ETA fue decisiva en los años en que estuve en la Moncloa.

La verdad es que el PSOE no había tenido una discusión ideológica sobre la amnistía y las únicas referencias sobre esta medida de gracia eran de los independentistas. Nunca fui convocado a un debate en mi partido, pero, si se hubiera abierto, la habría defendido. Seguramente se ha producido en el momento más oportuno; es posible que hubiera sido peor plantear la amnistía más adelante. Por lo demás, tenemos un sistema parlamentario de representación democrática a través de diputados y de grupos parlamentarios. Nuestra Constitución establece que el programa político de quien puede ser presidente del Gobierno se presenta en el Congreso, se debate y se vota. No es el programa electoral de un partido, salvo que quien lo presente haya tenido una mayoría absoluta y no necesite otros apoyos parlamentarios. Es un programa de programas, el que incorpora las propuestas que permitan aglutinar una mayoría que haga posible la formación de gobierno.

Tras las elecciones del 23-J, solo había una mayoría parlamentaria posible, porque la derecha, como se vio, no fue capaz de concitar apoyos al pactar con Vox. Así que las urnas dejaron un panorama sin margen de maniobra. A la derecha no le alcanzaba con la extrema derecha, y la izquierda podía sumar con los nacionalistas. Conseguido el pacto, ha habido ruido, mucho ruido. Pero el argumento de la inconstitucionalidad de la amnistía ha ido perdiendo peso, lo cual no debería sorprendernos. ¿O no recordamos que este país se ha ido construyendo con amnistías? El propio sistema democrático se levantó sobre una medida de gracia que afectó fundamentalmente a los represores de la dictadura. En democracia, ha habido, además, tres amnistías fiscales, dos con Felipe González y una con Mariano Rajoy. Y José María Aznar indultó a más gente que toda la que incluye esta amnistía, a petición del Vaticano, incluidas dieciséis personas pertenecientes a la organización independentista Terra Lliure, en el marco del Pacto del Majestic acordado por Jordi Pujol y el líder del PP en 1996.

La amnistía, en contra de lo que se ha dicho, no enmienda decisiones judiciales. Discrepo profundamente de esta idea. Todos estamos sometidos al imperio de la ley. Cuando el Tribunal Supremo o el Tribunal Constitucional anulan un decreto del Gobierno o paralizan una ley del Parlamento nadie clama que se ha echado por tierra el trabajo de los representantes de la soberanía popular o que se los ha humillado en sus funciones. Al menos, no recuerdo haberlo oído nunca. La separación de poderes es la clave de bóveda de la democracia. Cuando el Constitucional anuló uno de los decretos del estado de alarma, no vi a nadie que llorara por los pobres diputados y por el pobre Félix Bolaños, que había dedicado horas y horas a redactar ese decreto en condiciones absolutamente acuciantes. Si se aprueba la Ley de Amnistía, el Poder Judicial deberá aplicarla. Y es evidente que es recurrible, pero a veces sorprenden algunas cosas que se han oído estos meses, como si los 178 diputados en que se apoyó la investidura de Pedro Sánchez fueran una gente que se coló por la puerta falsa en el Congreso, cuando representan a la mayoría de la nación. Lo más interesante del debate que ha suscitado la amnistía es que la gente entienda que, si algo es la Constitución, es democracia. Considero que el debate puede ser esclarecedor en este sentido, pues ha contribuido a reafirmar los principios democráticos.

Me ofrecí a Pedro Sánchez para ayudar durante la campaña electoral, porque era plenamente consciente de lo que se jugaba, no solo el PSOE, sino sobre todo España, pues podíamos tener un Gobierno de coalición entre el PP y Vox y un vicepresidente del Gobierno de extrema derecha. Lo llamé y le dije que contara conmigo para lo que necesitara, que estaba dispuesto a ir adonde hiciera falta porque entendía que el momento exigía dar la cara. Me lo agradeció y me puse a disposición del comité de campaña para actos y entrevistas. Y, luego, cuando se planteó que los siete votos de J×Cat eran decisivos para la investidura y que había que poner la amnistía sobre la mesa de negociación, entendí que no solo era una necesidad del PSOE sino también del país.

España pudo superar la violencia de ETA, que supuso más de 850 muertos, y entiendo que encarar la cuestión catalana, tras el choque que supuso la declaración de independencia, no debería ser un obstáculo mayor, un obstáculo insuperable. Sobre todo, ahora, que la efervescencia del fenómeno soberanista es menor, por más que se mantenga latente. Cuando los asuntos no se abordan, se acometen mal. Y estoy convencido de que la valentía y el riesgo que Pedro Sánchez asume, como el que asumió antes, con los indultos, tendrá una recompensa política.

Soy de los que piensan que si, como pretende el presidente del Gobierno, Catalunya se siente reconocida, catalanes y españoles podemos seguir caminando juntos. Cuando los independentistas, en este contexto, sacan la cuestión del referéndum, les digo que tenemos que resolver las diferencias, de manera pactada, en lugar de decidir las diferencias. Me parecieron inteligentes a este respecto las declaraciones de Artur Mas cuando, en una reciente entrevista en *La Vanguardia*, advirtió que el independentismo no tiene hoy las condiciones para imponerse, y que quien diga que la secesión es posible en los próximos años, o no ve la jugada, o engaña. Yo también creo que no tienen mucho sentido las promesas que solo llevan a la frustración o a la pérdida de la confianza en los partidos. Tiene más sentido dialogar sobre lo posible. Por ejemplo, el pacto fiscal, que en su día Rajoy se negó a debatir siquiera con la Generalitat, o, más ampliamente, un diálogo abierto sobre la financiación podrían ser un punto de partida para que Catalunya se sintiera escuchada en España, para que los catalanes recuperaran la confianza en el Estado.

EL LARGO FINAL DE ETA

El optimista comprometido

No es un político al que le guste sacar pecho, ni cuando era presidente, ni cuando se marchó de la Moncloa. Pero si hay una conquista personal de la que José Luis Rodríguez Zapatero se siente especialmente orgulloso es de haber conseguido que bajo su Gobierno ETA se rindiera, después de haber sembrado el dolor en España durante cuarenta y tres años. Sobre todo porque esto se consiguió gracias a su compromiso de afrontar el problema con determinación desde el mismo día en que fue elegido en las urnas, y por su tesón, que le permitió no desfallecer a lo largo de una complicadísima negociación no exenta de sobresaltos. Pero también porque, bajo su liderazgo, un puñado de servidores públicos se jugaron no solo su prestigio, sino también la vida. Por eso, cuando el PP quiso sacar a ETA en campaña para obtener rendimiento político, doce años después de que esta abandonara las armas, le pareció una infamia. Hasta el punto de que no le importó ir a la COPE a dejar clara su contribución definitiva en esta desgastadora batalla.

Tesón y compromiso, pero también lealtad y optimismo, forman parte de su personalidad. Tesón en sus empeños, compromiso con sus ideales, lealtad hacia su gente y optimismo ante la vida. Como hemos visto, a José Luis Rodríguez Zapatero le gusta decir que en la vida uno puede cambiar de opinión, pero nunca de valores. «Quien no cambia de opinión es porque no piensa», proclama, parafraseando a Martin Wolf. Este prestigioso columnista del Financial Times, *en su último libro,* La crisis del capitalismo democrático, *reconoce que su juicio sobre muchos asuntos se ha ido alterando al tiempo que el mundo evolucionaba. Zapatero, igual que Wolf, no pide disculpas por ello, porque sus valores se han mantenido firmes. Wolf los heredó de sus padres, ambos refugiados de la Europa de Hitler, y lo mismo podría decir el quinto presidente del Gobierno de la democracia española, a quien lo marcó el destino trágico de su abuelo en la guerra civil española.*

Su lealtad se ha puesto en evidencia especialmente en el último año, cuando, ante la posibilidad de que la izquierda perdiera el Gobierno de España, recorrió el país poniendo en valor la figura de Pedro Sánchez. No se lo pidió el presidente, simplemente se ofreció para ayudar porque pensaba que podía ser útil, y ¡vaya si lo fue! Tampoco era la primera vez que echaba una mano al Gobierno de coalición, como, por ejemplo, en la crisis de la ley del solo sí es sí. Percibió que tocaba implicarse, que el PSOE podía necesitar su experiencia y su talante, y sin pedir nada a cambio se jugó el tipo acudiendo incluso a programas de radio y televisión de líderes de opinión no precisamente amables con la izquierda. Y no solo salió airoso, sino que demostró que estaba en plena forma y que no se achantaba ante ninguna cuestión por complicada que fuera.

A ese comportamiento se lo llama sentido de la responsabilidad, deber moral, obligación ideológica. En resumen, un compromiso sincero con aquello en lo que uno cree y con un partido con el que se identifica. Todo ello acompañado de su optimismo irredento. Algunos dirán que es el resultado de tener baraka, *pero la suerte hay que buscarla y Zapatero debe de ser lo más parecido al zahorí, pues es capaz de encontrar la fortuna por muy oculta que esté. En su libro* Tierra firme, *Pedro Sánchez escribe que, si tuviera que quedarse con una virtud de su predecesor, elegiría lo que el propio Zapatero califica de optimismo antropológico, pues es de las personas que ven el vaso medio lleno, sin que eso le impida reconocer las dificultades y los problemas existentes en cada momento. Nunca contempla la opción de la queja o el desánimo. Cuando identifica un problema se pone a pensar en cómo solucionarlo.*

Pero, además, el expresidente español ha sabido aprovechar su experiencia en el poder, su agenda internacional y su capacidad de servicio para ayudar en grandes causas. Su experiencia en el final de ETA le ha supuesto un aval como mediador en procesos de paz, sobre todo en Latinoamérica. Fue el primer político no americano en ser invitado, en 2016, a hablar ante la asamblea de la Organización de Estados Americanos (OEA) y formó parte de la delegación de la Unión de Naciones Suramericanas (UNASUR) junto a otros dos expresidentes como Leonel Fernández (República Dominicana) y Martín Torrijos (Panamá) para mediar entre la oposición venezolana y el gobierno de Nicolás Maduro en un momento en que el país estaba al borde de la guerra civil. Le obsesiona que la violencia sea el horrible motor de la historia, y piensa que para cambiar este con-

cepto, deberíamos empezar por devolverle el crédito social a la paz. Y cree firmemente en el diálogo como la llave para resolver los conflictos por complicados que sean. Y en este sentido pone en valor la figura del mediador, como elemento indispensable para acercar posturas, establecer pausas, aportar salidas a las disputas que amenazan la convivencia. Sabe de su importancia por propia experiencia. En los pactos para la investidura de Sánchez, cuando Carles Puigdemont exigió la intervención de un verificador internacional, aconsejó el Centro para el Diálogo Humanitario Henri Dunant, con sede en Ginebra, cuya capacidad de mediación pudo comprobar durante el largo proceso para acabar con la violencia de ETA. A Zapatero le gusta citar a Edmund Burke cuando escribió que la sociedad tendría que ser una colaboración entre los que viven, los que han muerto y los que nacerán, a modo de metodología para parar el crecimiento del populismo y el autoritarismo.

M. C.

El afán contra la violencia

El escritor alemán Thomas Mann, que pudo ver cómo el mundo se mataba cruelmente por dos veces en la primera mitad del siglo XX, escribió que la guerra es la salida cobarde a los problemas de la paz. Un siglo después, estas palabras recobran toda su fuerza al ver cómo el mundo sigue cometiendo los mismos errores y es capaz de volver a traer la tragedia hasta las mismas puertas de Europa, en Ucrania y en Oriente Medio. Hoy la palabra paz parece haber perdido todo su valor. Es más, resulta recurrente, sin entidad para creer en su significado. Si alguien se refiere a la paz en su discurso, casi se vuelve sospechoso de complicidades maliciosas. El derecho de defensa, que reconoce Naciones Unidas, se ha convertido en una acción violenta que carece de límites. Es un horror pensar que hemos normalizado, por ejemplo, la guerra de Ucrania; después de dos años de conflicto bélico, solo tenemos como balance el número de víctimas mortales: se ha conocido el dato de 31.000 soldados ucranianos muertos, un dato que nos da una dimensión de la tragedia que estamos viviendo. Nos encontramos ante un empate infinito, tantas víctimas, tantas historias perdidas. Igualmente, en Oriente Medio las imágenes que vemos nos interpelan todos los días. Hemos llegado a tal punto que nuestra capacidad de indignarnos como seres humanos parece agotada, exhausta.

Por eso, y con carácter general, estoy absolutamente convencido de que la política debe intentar sin descanso resolver los conflictos, por arduos que parezcan, mediante el diálogo y la negociación. Y que nadie tenga duda de que los acuerdos que se consiguen entre posiciones difícilmente reconciliables son los que más valor añaden. Para que el diálogo fructifique, es imprescindible que se desarrolle en un ambiente de respeto y confianza, que se conozcan las causas que lo han originado y que los actores vayan superando prejuicios. No digo que sea fácil. Pero hay que ir salvando incompatibilidades y abriendo expectativas. La puerta para entenderse empieza a abrirse cuando nadie aspira a imponerse por completo, cuando uno acepta que el otro puede tener parte de razón. El diálogo es un espacio para que hablen directamente aquellos actores que están enfrentados y no han tenido la oportunidad de escucharse. Dialogar no es sinónimo de negociar, pero es el primer paso para avanzar hacia un acuerdo entre partes enfrentadas.

Es evidente que no hay una teoría definitiva de los conflictos políticos, entre otras razones porque la naturaleza de los mismos es muy diversa. A veces pueden tener una dimensión estrictamente identitaria, pero en otros casos poseen raíces religiosas, una base ideológica o son el resultado de enrevesados condicionantes históricos.

Nuestro país vivió una violencia política ininterrumpida durante los siglos XIX y XX. Violencia política significa llegar a asesinar por motivos políticos. Dos siglos de violencia, guerras, insurrecciones, golpes de estado, dictaduras breves, la larga dictadura de Franco... y, ya en democracia, el terrorismo, con especial incidencia en el País Vasco, aunque los crímenes de ETA los sufrió también el resto de España.

En Euskadi, donde la violencia política tenía sus raíces más profundas en las guerras carlistas, el fanatismo se cernió sobre toda una sociedad, dividiéndola y marcando negativamente a varias generaciones. Y a mí me tocó afrontar la recta final de la batalla contra ETA, una violencia política con casi un millar de muertos a sus espaldas.

Cuando llegué a la Moncloa, me cuestioné si la democracia, en la etapa de la Transición, había agotado todas las posibilidades de conseguir erradicar la violencia. Lo cierto es que esta había arraigado ya en la sociedad vasca, y seguramente habría sido imposible frenar entonces, de un modo u otro, el caballo desbocado del terrorismo. Al mismo tiempo, creí que me había tocado vivir un tiempo de agotamiento incuestionable de la violencia, resultado de que aquellos que practicaban o sostenían el terror tenían que llegar a la conclusión socializada de que nunca obtendrían la victoria.

El salto cualitativo, en mi opinión, se dio cuando, finalmente, este hecho objetivo trascendió y penetró en la subjetividad de cada terrorista y de cada persona que, con su silencio o su complicidad, apoyaba el terrorismo.

Sostengo la idea de que, en la conciencia íntima de muchos de los que ejercían esta violencia, ya había empezado a calar la creencia de que su destino no era la victoria y de que no era cierta la construcción teórica según la cual, haciendo sufrir a la sociedad democrática, el Estado se sentaría a negociar para buscar una salida favorable a sus intereses. Y es que cuando uno mata debería saber que difícilmente puede aspirar a imponer una victoria. Si bien aún resulta más complicado asumir que matar pueda ser moralmente aceptable para alguien. Por todo ello, me propuse volver a explorar las posibilidades de acabar con el terrorismo de ETA.

No era capaz de pensar qué reflexión sobre su propia vida, sobre su historia, sobre su actividad... podían hacer las personas que estaban en esta organización, pero había que volver a intentarlo porque los etarras empezaban a dar muestras de agotamiento, lo que no excluía que no volvieran a matar si las negociaciones se encallaban o si alguien trataba de provocar su fracaso.

Y una vez más, se demostró que en cualquier conflicto, por complejo que sea, el método para ponerle fin o, si se prefiere, la única herramienta para avanzar en su resolución es el diálogo. Lo intentamos en dos ocasiones, en las que estuvimos ya muy cerca de que abandonaran las armas. En ambos casos parecía que lo teníamos, pero la lógica oscura de algunos no era la nuestra, a pesar de que los responsables de la violencia hubieran entrado de algún modo en esa dinámica del diálogo.

La banda terrorista todavía tardó cinco años en anunciar públicamente que abandonaba las armas, pero es evidente que si habíamos empezado un proceso para conseguirlo, no nos íbamos a desmoralizar ni a cejar en el empeño.

Las personas claves del entorno de ETA en la etapa final fueron Arnaldo Otegi y Rufi Etxeberria, en representación de la ilegalizada Herri Batasuna, que se reunieron varias veces con Jesús María Eguiguren y Rodolfo Ares, por el PSE, y Josu Jon Imaz e Iñigo Urkullu, por el PNV, en el Santuario de Loyola para intentar un preacuerdo político que impulsara la paz. Tras conseguir sentar las bases, el Gobierno español que yo presidía buscó la manera de articular un diálogo, con mediadores internacionales, que debían aceptar ambas partes. También fueron personajes clave el abogado Iñigo Iruin, que estuvo ya en las Conversaciones de Argel de 1989 y al que se le atribuye la autoría intelectual de la propuesta de Otegi en Anoeta en el año 2004 para acabar con la violencia, y Rafael Díez, que era secretario general del sindicato LAB, adscrito a la izquierda abertzale.

A la vista del movimiento de Otegi y de los informes que me pasaban los expertos de la lucha antiterrorista, tomé la decisión de intentar poner fin a aquella locura e iniciar un acercamiento para acabar con el terrorismo.

Costó Dios y ayuda, pero en mayo-junio de 2011 se produjo una aceleración de las expectativas sobre el fin anunciado por ETA. Por aquellos días conseguimos una colaboración extraordinaria de personas que casi comprometieron su vida para llegar a obtener el acto final. Fueron personas vinculadas al Centro para el Diálogo Humanitario Henri Dunant, con sede en Ginebra, que había estado trabajando en la sombra, de manera silenciosa y constante durante seis años, para conseguir un acercamiento entre las partes que culminara en la disolución de ETA, lo que se consiguió gracias a que los militantes de la banda votaron en un 93 % a favor de ella.

Seis años en vilo

La primera cita en Suiza había sido el 21 de junio de 2005, según las notas que tomó Eguiguren, que lo detallaba todo en unas libretas rojas que se había comprado en una tienda de Ginebra al principio del proceso. El procedimiento era poco tecnológico, pero gracias a ello el día que entraron en su casa para llevarse toda la información de que disponía en su ordenador no encontraron nada relevante. Porque, sí, los ladrones entraron en la casa del socialista vasco semanas después de que ETA anunciara su final y cuando circuló que Eguiguren iba a escribir un libro sobre todo el proceso. No se llevaron dinero ni joyas, solo su ordenador, así que era evidente que querían conocer el contenido de las notas que había tomado y a quiénes implicaban.

Antes de aquella primera cita con la cúpula de ETA, el presidente del PSE-EE había mantenido contactos exploratorios en un caserío de Elgoibar con Otegi. En uno de estos encuentros se presentó una persona sin identificar, que resultó ser un cura del sur de Francia, que le dio una carta para Alfredo Pérez Rubalcaba, que Eguiguren no quiso leer, pero que le entregó en mano poco después en Santander en una visita que realizó. El mensaje, sin ningún género de dudas, había sido escrito por Josu Ternera y mostraba la voluntad de explorar algún tipo de acuerdo.

El primer encuentro entre dirigentes de ETA y los mediadores de Henri Dunant tuvo lugar en el hotel Wilson de Ginebra. Aunque los etarras no se presentaron a la hora fijada por la mañana, como medida de seguridad, y los mediadores recibieron la indicación telefónica de que fueran por la tarde a un hotel a orillas del lago Lemán. Antes de verse las caras, los hicieron deambular por los aparcamientos de varios establecimientos hoteleros. Al final, quienes se presentaron fueron José Antonio Urrutikoetxea, alias Josu Ternera, y Jon Iurrebaso, alias Robert.

El primero de ellos ratificó que ETA iba en serio y que, como gesto de buena voluntad, no atentarían contra políticos, lo que nos pareció inaceptable, pues nuestra voluntad era conseguir un completo alto el fuego.

Un par de días después, volvieron a verse en Suiza. Y Eguiguren pasó tres semanas en Ginebra para mantener el contacto vivo, hasta el punto de que se le acabó el presupuesto. Sabía que no podía irse sin un principio de acuerdo y apuró su estancia todo lo que pudo.

En esas fechas, ETA llevó a cabo un atentado sin víctimas en el estadio de La Peineta de Madrid para demostrar que el diálogo no iba a ser fácil, ni iba a hacer callar las armas.

La voz cantante de los tres mediadores la llevaba un diplomático británico que había sido fundador de la mencionada institución Henri Dunant y su director entre 1999 y 2010. Desde 2021 es Secretario General Adjunto de Asuntos Humanitarios y Coordinador del Socorro de Emergencia de la ONU.

Se establecieron dos mesas de negociación, una técnica y otra política, y se consensuó una hoja de ruta para avanzar en el diálogo para el fin de la violencia.

Unos meses después, las conversaciones prosiguieron en Noruega, lo cual permitía pensar que el proceso avanzaba, y que con las dos mesas de negociación podríamos alcanzar una tregua que fuera permanente, como había sucedido con el IRA en Irlanda del Norte.

En el país nórdico, el protagonismo por parte del Centro Henri Dunant lo tuvo otro de los facilitadores de esta organización, que dejó muy impresionado a Eguiguren, porque, con ocasion del viaje a Oslo, vía Ginebra, le contó historias sobre cómo había mediado para la ONU en Colombia con Tirofijo, uno de los guerrilleros más duros de las FARC, que le dijo que era el primer americano que iba a salir vivo de la selva. Era una persona que aseguró conocer a Fidel Castro o a Bill Clinton y que relataba conversaciones con ellos que sorprendieron al socialista vasco.

En la capital noruega, blanca por la tormenta de nieve que había caído, les esperaban cuatro o cinco coches negros, con los cristales ahumados, que los condujeron hasta un solitario balneario, a cincuenta kilómetros de Oslo. Eguiguren me explicó que Josu Ternera era un obseso de la alimentación sana y que llegó a escribir un libro de cocina carcelaria cuando estuvo en prisión. También contó que salía puntualmente a correr cada mañana, a pesar del intenso frío que hacía, acompañado por los policías noruegos que lo seguían.

La verdad es que fueron jornadas complicadas, a menudo desagradables, que no terminaban nunca. Sin embargo, se consiguió firmar una enrevesada hoja de ruta, según la cual ETA estaba dispuesta a anunciar una tregua. En el último instante, toda la negociación estuvo a punto de saltar por los aires, porque el ministro Pérez Rubalcaba quiso que se incluyera en el documento que ETA se comprometía a avanzar en el cese definitivo de la violencia, pero Ternera se resistió. Por ello, hubo que buscar un redactado menos explícito para que Ternera, malhumorado, lo aceptara. Al final, hubo apretón de manos y Eguiguren voló a Biarritz vía París, con la compañía de altos cargos del Gobierno, que querían saber en caliente cómo se había producido todo. Ternera, por su parte, se marchó a Ginebra con Francisco Javier López Peña, alias Thierry, que apareció en el aeropuerto, según me explicaron, con cara de pocos amigos a la vista de los cambios de redacción de última hora. Cuatro meses después, se anunció una tregua de ETA y yo me comprometí oficialmente a abrir un diálogo.

Aquellos meses, sin apenas actividad terrorista, fueron un bálsamo para el país y un motivo de esperanza para todos. Pero el proceso se torció inesperadamente medio año después por la voladura con explosivos del aparcamiento de la Terminal 4 de Barajas.

Fue un hecho dramático pero que, paradójicamente, tuvo consecuencias esclarecedoras. Lo digo porque nos dimos cuenta de que necesitábamos algo más de tiempo para ablandar al sector más duro de la organización, que también era el más aislado de la vida social. Fuimos entonces conscientes de que había gente con una gran influencia en la organización terrorista con la que había que desarrollar una estrategia específica. Eran sujetos que no habían hecho otra cosa que permanecer enclaustrados en sus refugios, hasta que se veían forzados a huir cuando temían que podían ser descubiertos. Y volvían a esconderse en otra burbuja que los protegía y que, de nuevo, los distanciaba más. Aislados de las fuerzas del orden y de la realidad del mundo, eran círculos a los que era dificilísimo acceder, que en un principio vimos que no estaban suficientemente maduros para poder abordarlos, si bien nuestra inquebrantable voluntad de llegar también a ellos empezó a hacerles dudar. Sin esa persistencia, no hubiéramos alcanzado el éxito.

Porque este proceso de diálogo acabó provocando una gran división en el mundo de la violencia. Y esa división fue nuestro instrumento más poderoso. Llevamos a cabo una política que creo que fue inteligente, pero de riesgo, audaz, por la condición tan indefinible e imprevisible, moral y estratégicamente hablando, de nuestros interlocutores. La metodología que desarrollamos consistió en perseverar en la persuasión con quienes habían dado el paso al otro lado de la trinchera, con los que ya eran favorables a buscar una salida digna para abandonar las armas, y de este modo, no dejar salida, forzar el ánimo del resto.

Un duro camino hasta el 20 de octubre

Costó llegar a aquel 20 de octubre de 2011, cuando ETA leyó el comunicado del cese definitivo de la violencia, en el que ya solo pedía continuar el diálogo con el Gobierno para abordar negociaciones futuras. Tres días antes, en el Palacio de Aiete de San Sebastián, se había reunido un numeroso grupo de personalidades internacionales que le pidieron a ETA que pusiera punto y final a su actividad. El palacete había sido residencia de los reyes desde Isabel II hasta Alfonso XIII, pero muchos lo recuerdan porque fue, desde el final de la Guerra Civil hasta la muerte del dictador, la residencia veraniega de este último, hasta el punto de que allí se celebraba en el mes de agosto un consejo de ministros.

Ese acto fue dispuesto para facilitarle una salida a la banda, cuando la cúpula de la organización estaba ya convencida de que no había vuelta atrás. Era una vía de aterrizaje para que su final no pareciera lo que en realidad era, una rendición. No es casualidad que el Consistorio de Donostia lo rehabilitara como la Casa de la Paz y de los Derechos Humanos, en recuerdo de aquel encuentro.

Pero hasta llegar ahí no dejó de haber momentos para el desánimo, porque cada vez que la solución final a tantos años de terror y sufrimiento parecía estar cerca, se producía un atentado o una nueva amenaza de ruptura.

Especialmente descorazonador para todos fue el atroz atentado de la T4 al que antes me refería.

En aquella tremenda explosión, a las nueve de la mañana, a causa de una furgoneta bomba colocada en el aparcamiento de la terminal de Barajas, perecieron Carlos Alonso Pelate y Diego Armando Estacio, dos ciudadanos ecuatorianos que estaban durmiendo en el interior de un coche.

Fue una noticia dramática, terrible, que desmentía el mensaje de esperanza que yo había lanzado, después de valorarlo con Pérez Rubalcaba y algunos de mis colaboradores, el 29 de diciembre de 2006, tras la tregua que había empezado en junio de aquel mismo año y los avances producidos desde entonces.

Pero, como decía antes, el atentado hizo más profunda la división entre las dos almas de ETA, la política y la guerrera. De algún modo, ese fue en verdad el principio del fin.

Por primera vez, Batasuna desobedeció a la dirección etarra y no dio por roto el proceso de diálogo, considerando aquella brutal explosión, que, además de las dos muertes, provocó importantes daños en las infraestructuras del aeropuerto, un intento desesperado de bloquear cualquier posibilidad de acuerdo. El exdiputado de Batasuna Arnaldo Otegi, que criticó el atentado desde la cárcel de Martutene, consideró agotada la vía de las armas y no le importó manifestarlo públicamente, a pesar de lo que se jugaba.

Según supimos después, Thierry se había hecho fuerte en la dirección de la banda y había ordenado el atentado. Se lo consiguió detener en Francia un año y medio después, en mayo de 2008. Antes, había sido condenado a prisión en

1983 y, cuando cumplió la condena, pasó a la clandestinidad. Acabó siendo uno de los responsables del aparato de infraestructura de la organización, encargado de los zulos donde ocultaban las armas y los explosivos, e incluso a las personas secuestradas. La presión policial hizo que se marchara de Francia y buscara refugio en Cuba durante un temporada. En 2006, sustituyó a Josu Ternera en las negociaciones y poco después se convirtió en el portavoz de los terroristas.

El atentado de la T4 fue una imitación de un famoso atentado del IRA en el centro de Londres, en plena negociación, para demostrar que los terroristas seguían fuertes. La carga de explosivos que había en la furgoneta era impresionante y derribó las cinco plantas del aparcamiento. Nos habían avisado con un cierto margen para desalojar la zona, cosa que hicimos, pero no podíamos imaginar que hubiera un par de ciudadanos dormidos, escondidos en un coche, y que no atendieron a la llamada de la policía posiblemente por miedo a ser detenidos, al encontrarse en situación irregular.

Estas muertes nos causaron una gran conmoción. Apenas veinte horas antes, yo había pronunciado unas frases que pensé que me iban a perseguir toda la vida, al decir que me sentía optimista sobre la marcha del proceso de diálogo, que estábamos mejor que un año antes, considerando el trabajo desarrollado para que ETA abandonara las armas y los datos con los que contábamos. Aquella terrible explosión fue un golpe muy duro. Anuncié que se suspendían las vías de diálogo con los terroristas. Cuando Otegi oyó mis palabras, se apresuró a condenar lo sucedido y a pedir margen para recuperar el diálogo.

La muerte de los dos ciudadanos de Ecuador fue muy dolorosa. Trajimos a sus familias a España y les invité a almorzar en la Moncloa conmigo. Vinieron una decena de personas: padres, hermanos e incluso una abuela. Eran unas gentes muy humildes. La abuela sufría unas cataratas muy avanzadas y apenas veía, así que le facilitamos una operación para que recuperara la vista en los días siguientes. Aquel encuentro se me ha quedado grabado en la memoria, porque esas personas pasaban hambre en su país y cuando los invitamos a comer pudimos percibir su necesidad. Se me rompió el corazón viendo la escena.

Después de la T4, siguió habiendo algunos atentados mortales, como el que provocó la muerte de dos guardias civiles en Capbreton, Francia, el 1 de diciembre de 2007. En realidad, uno de ellos fue asesinado ese día y el otro quedó muy gravemente herido y falleció poco después.

Aquel día, un sábado que prometía ser tranquilo, recibí una llamada de Pérez Rubalcaba por la mañana. Aún ahora puedo oír la voz de Alfredo. Estaba muy afectado por las circunstancias que rodeaban el atentado. Eran dos guardias muy jóvenes que habían sido tiroteados por la espalda en un bar tras tomarse un café. Iban desarmados, porque, al estar fuera de España, no podían llevar armas, así que de haber percibido a sus agresores tampoco se hubieran podido defender. Su misión era colaborar con los policías galos en los controles antiterroristas.

El 5 de diciembre me trasladé a Capbreton para visitar a los familiares y a los compañeros de los guardias civiles. Fue uno de los momentos más duros que me tocó vivir como presidente. Era un día de una niebla espesa, como la atmósfera humana que se respiraba. Las caras de los guardias civiles desprendían tristeza, rabia e impotencia. Sus miradas hacia mí no resultaron precisamente amables.

Como diría después la jueza francesa, el asesino, Mikel Karrera, mató por puro odio. Este siniestro personaje, meses antes, en un robo de armas en Vauvert, le había puesto el arma en la cabeza a un recién nacido, amenazando con matarlo si su madre, a la que había cogido de rehén, no dejaba de gritar.

Dos días después, celebramos en Madrid un funeral de Estado, con asistencia de los Reyes, los príncipes de Asturias, varios miembros de mi Gobierno, el líder de la oposición y diversos portavoces parlamentarios. Durante la ceremonia fúnebre noté una presión especial, una sensación de agobio. Uno de los guardias civiles asesinados era, además, el hijo del amigo de una persona que me era muy cercana.

Otro asesinato que me impactó íntimamente fue el de Isaías Carrasco, exconcejal socialista del Ayuntamiento de Mondragón, que había colaborado en el despacho de Jesús Eguiguren. Recibió tres tiros por la espalda el 7 de marzo de 2008, dos días antes de que se celebraran elecciones generales en España. Fue asesinado por Beinat Aginagalde en su ciudad natal, cuando se subió al coche para ir a trabajar, como cada día. Su mujer y su hija salieron corriendo de su casa para auxiliarlo y lo encontraron aún con vida, pero murió minutos después en el hospital, sin que los médicos pudieran hacer nada para salvarlo.

De acuerdo con Mariano Rajoy, el candidato del PP, aprobamos suspender la campaña electoral. Fue otro golpe muy duro para todos. Patxi López tuvo un incidente con Rajoy al recriminarle que dos semanas antes, en el debate que él y yo habíamos sostenido en televisión, nos hubiera reprochado las víctimas del terrorismo. ETA intentaba desmoralizarnos, dividirnos, enfrentarnos... al tiempo que nos iba advirtiendo de que el final requeriría sacrificios.

Un tercer asesinato de gran impacto emocional fue el del empresario Ignacio Uria Mendizabal, responsable junto con sus dos hermanos de una pequeña empresa de construcción, de nombre Altuna y Uría, adjudicataria del trazado de la «Y vasca», el sistema ferroviario que une las tres capitales vascas, que ya había sido objeto de sabotajes por parte de ETA. El 3 de diciembre del mismo año, el 2008, el constructor fue, tal como solía hacer, a comer y a jugar a las cartas en un bar de Azpeitia. Allí lo esperaban tres etarras, que lo asesinaron de dos disparos en la cabeza. El empresario estaba jubilado, pero seguía acudiendo a la empresa y no llevaba ningún tipo de escolta.

Durante este inacabable periodo final, los terroristas mataron también a cinco guardias civiles, a un policía y a un brigada del Ejército. El último asesinado por ETA, el 16 de marzo de 2010, fue un brigadier francés que perseguía a unos etarras que habían robado unos vehículos. Recuerdo que el funeral fue muy solemne y el silencio en él, impresionante.

Es importante destacar que la Policía española estuvo implacable desarticulando, con gran eficacia, numerosos comandos, uno tras otro en este tiempo. Igualmente, mejoramos la colaboración internacional y ETA se dio cuenta de qué pocas complicidades podía tener a esas alturas. Solo le quedaba aspirar a un punto final dialogado.

Por ello, a pesar de tantas adversidades y de tanto horror acumulados, estábamos ya asistiendo a ese último capítulo de aquella interminable tragedia. Nuestros canales de información nos decían que en ETA ya eran mayoría los que pensaban que había llegado el momento de abandonar las armas. Hubo numerosas reuniones que culminaron en una asamblea virtual donde la cúpula tomó la decisión en París, a la que ya me he referido. Prácticamente hubo unanimidad en poner fin a la violencia.

París y el abrazo del rey

En efecto, fue en París, allí se celebró la reunión de la cúpula de ETA que «formalizó» el final de la violencia, unos días antes del comunicado oficial.

Ese comunicado del cese de la actividad armada se emitió tres días más tarde de la celebración de la Conferencia Internacional de Paz de San Sebastián en el Palacio de Aiete, organizada por el movimiento social por el diálogo, conocido como Lokarri, al que acudieron el secretario general de la ONU, Kofi Annan; la ex primera ministra noruega, Gro Harlem Brundtland; el ex primer ministro irlandés, Bertie Ahern; el líder del Sinn Féin, Gerry Adams; el exministro francés de Interior, Pierre Joxe; y el que fuera jefe del gabinete de Tony Blair, Jonathan Powell. También estuvo presente una amplia representación de la sociedad civil vasca, incluidos la mayoría de partidos, si bien las fuerzas de la derecha rechazaron participar, incluido el PP. El PSOE envió al presidente de los socialistas vascos, Jesús María Eguiguren, y al alcalde de Ermua, Carlos Totorika.

En las conclusiones de la reunión, que leyó el irlandés Ahern, se reclamaba el cese de la violencia por parte de ETA y se expresaba la voluntad de los gobiernos español y francés de negociar con la banda exclusivamente las consecuencias del conflicto. Era evidente que, como ya he dicho, aquello fue solo una escenificación, o, si se prefiere, una manera de ponérselo fácil, para que la cúpula etarra anunciase el final de la violencia, cosa que hizo, reitero, tres días después.

Tras la difusión del comunicado, hice una comparecencia pública en la Moncloa para poner de manifiesto que había sido un triunfo definitivo y sin concesiones del estado de derecho. Agradecí la colaboración del gobierno francés, el trabajo de los distintos ministros de Interior y la acción tenaz y eficaz de las fuerzas y cuerpos de seguridad del Estado, además de recordar que la memoria de las víctimas acompañaría siempre a las futuras generaciones de españoles. También Pérez Rubalcaba, que era el candidato socialista a las elecciones convocadas para un mes más tarde, habló públicamente y celebró aquella gran victoria de la democracia. Y Mariano Rajoy, jefe de la oposición y candidato del PP, calificó el anuncio de gran noticia porque no era el resultado de ningún tipo de concesión política.

Las felicitaciones se acumularon en mi despacho. Las recibí de, entre otros, el Secretario general de Naciones Unidas, Ban Ki-moon; del Presidente de la Comisión Europea, José Manuel Durao Barroso; del Presidente de la República Francesa, Nicolas Sarkozy, y del Presidente de Estados Unidos, Barack Obama.

Se produjeron algunos recelos en el ámbito de las asociaciones de víctimas del terrorismo y de las fuerzas de seguridad del Estado. Pero lo cierto es que ETA cumplió su promesa y el cese de la violencia se mantuvo hasta su disolución definitiva, en el 2018.

El Gobierno supo del comunicado final unos diez días antes. Siempre tienes que pensar que hasta que no lo veas, es mejor no creerse nada, pero sabíamos que la decisión estaba tomada. Además, el texto finalmente leído había sido peinado por la propia organización, que sabía que había palabras que no se podrían aceptar. Incluso nos informaron de qué términos habían eliminado.

La verdad es que recuerdo perfectamente ese 20 de octubre y, aunque tenía en mi cabeza cómo iba a suceder todo, conociendo incluso las palabras que se iban a pronunciar, quise ver las imágenes y escuchar la lectura estando solo en el salón del piso de la vivienda de la Moncloa, tomando un café, con la tableta en la mano. Deseaba aislarme. Necesitaba un momento íntimo después de haber luchado tanto para conseguirlo. Pérez Rubalcaba me llamó veinticinco veces a lo largo de la mañana. Yo llamé a mi padre antes de que se conociera el comunicado, y a Leire Pajín y a Carme Chacón, que siempre habían apoyado cómo se habían hecho las cosas.

El Jefe del Estado estaba perfectamente informado de todo. Y el rey Juan Carlos fue de los primeros en darme la enhorabuena. Fui a verlo al Palacio de la Zarzuela al día siguiente y me dio un abrazo muy sentido, mientras me decía que este sería sin ninguna duda el momento más importante de mi vida. Y quiero subrayar que el rey me apoyó incondicionalmente durante todo el proceso. Incluso intentó convencer a Rajoy de que me secundara sin fisuras.

Es más, en una ocasión nos sentó a los dos para animarnos en una labor tan ardua como la que se presentaba para conseguir el final de la violencia. No tuve ninguna queja del jefe de la oposición, con el que siempre me llevé bien desde las lógicas discrepancias políticas y a pesar de algunos de los excesos verbales en los que llegó a incurrir durante el proceso. También Eduardo Zaplana, que fue portavoz del Grupo Parlamentario del PP, y aunque no lo pareciera estuvo siempre ayudando en una cuestión tan complicada. Cada vez que había alguna reunión con ETA, llamaba a una persona de la confianza de Rajoy y le explicaba cómo había ido. No se lo podía contar todo, pèro la oposición tuvo siempre una información sustancial del proceso.

Un final de verdad

Sí, sin duda, el 20 de octubre de 2011 fue el día más largo y más emotivo de mi etapa de Gobierno. Hubo lágrimas en la Moncloa. No soy un hombre que se emocione con facilidad. Al contrario, acostumbro a ser frío y tengo mucha capacidad de contención, pero ese día no pude reprimir alguna lágrima.

Había costado mucho llegar al final. Por momentos, el proceso de diálogo se había convertido en un calvario. Recordé que una noche, pasada la una de la madrugada, sonó ese teléfono horrible que tenemos los presidentes para ser informados de las cosas graves que suceden. Al otro lado del teléfono oí la inconfundible voz de Pérez Rubalcaba. Estábamos en plena negociación y Thierry nos anunció que habían colocado siete u ocho bombas en distintos lugares estratégicos de España para que estallaran al día siguiente. Y la única manera de parar este rosario de atentados era hablando conmigo, directamente, por teléfono, dijo. Ese era el dilema que teníamos que resolver el ministro de Interior y yo. Nos dieron las dos de la madrugada hablando. Dedujimos que iba de farol, pero nos metió el miedo en el cuerpo. Thierry se nos había mostrado desde el primer día como un loco absoluto; en las negociaciones era el que lo complicaba todo y el menos fiable de cuantos dirigentes etarras habíamos conocido. Entendimos desde el primer momento que yo no podía aceptar el chantaje. Sonsoles, mi mujer, se medio despertó con la llamada de Rubalcaba, y me preguntó qué sucedía, que si ocurría algo grave. Tuve que explicarle una versión dulcificada de lo que estaba pasando a fin de no inquietarla, y me fui a otra habitación para poder expresarme libremente por teléfono con el ministro. Al final no pasó nada, era un farol, pero nos tuvo muy tensos durante veinticuatro horas.

Días como aquel me hacían reflexionar sobre si un grupo armado puede llegar a renunciar a la violencia por una cuestión moral o solo por la convicción de que no van a conseguir nada. Lo cierto es que ETA había mantenido la acción asesina generación tras generación, así que solo el convencimiento de que no tenían ninguna posibilidad de victoria nos podía conducir al éxito. No les podíamos dar ningún resquicio de esperanza.

Volviendo la vista atrás, me doy cuenta de que su lenguaje era distinto del nuestro y su proceso de aproximación política resultaba de otro mundo. Y eso complicaba muchísimo la interlocución. El aislamiento de los dirigentes de ETA los convertía en personas difíciles de descifrar y de entender. A menudo eran individuos que vivían encerrados, que llevaban quince o veinte años sin contacto prácticamente con nadie, que no habían viajado más allá de sus escondites en Francia. A lo sumo, se movían monte arriba, monte abajo, para protegerse o para esconder armas. Su obsesión por la seguridad era casi enfermiza. Cuando nos poníamos en contacto con ellos, acabábamos dando vueltas por media Europa. Usaban motos de gran cilindrada para las tareas de contravigilancia.

Sí, me ha quedado esa duda de que en las decisiones de los miembros de la ETA hubiera cabida para algún espacio moral. Al menos, en el mundo *abertzale* sí que hubo un rechazo a la violencia tras el atentado de la T4, cuando avanzaba el diálogo. También cuando asesinaron a Isaías Carrasco, amigo personal de Eguiguren, que era el hombre que había tirado de todos nosotros para dialogar con ETA desde aquel primer encuentro con Otegi en el famoso caserío Txillarre. Matar a un gran amigo de Eguiguren en 2008 fue un señalamiento directo propio del crimen organizado, aunque tuviera una oscura finalidad política. Por eso, fue tan importante conseguir rebajar el apoyo social de ETA, y creo que el proceso de diálogo tuvo mucho que ver con ello. Si no hubiéramos conseguido entrar en el fortín que había construido el mundo radical, no habríamos sacado al monstruo del fondo de la fortaleza.

Y, visto desde la distancia que da el tiempo, lo más trascendente en el final de ETA es que aseguraron que no habría ninguna escisión ni ningún acto más de violencia, y así ha sido.

No hay día en que no piense en ello. Seguramente por eso, cuando veo que la derecha saca nuevamente el tema de ETA para obtener un beneficio político entro en un estado de irritación. No puedo evitarlo. Me rebelo cuando me doy cuenta de que se utiliza esta cuestión para la confrontación política. Es una frivolidad y una irresponsabilidad decir que ETA está viva o que ETA consiguió sus objetivos. Los llamados *peacemakers* internacionales se asombran de que apenas podamos tener una reflexión colectiva casi clandestina sobre lo que sucedió, cuando el final de la violencia fue un gran logro democrático. Entienden que cuesta mucho que un país supere todas sus asignaturas pendientes, pero que deberíamos celebrar juntos este final, compartirlo, y asumirlo de manera unitaria. Eso sería, a mi modo de ver, el mejor reconocimiento de la victoria inequívoca de los demócratas y el mejor consuelo para las familias de las víctimas. Nunca habrá un consuelo suficiente, pero al menos sí una tranquilidad de espíritu. Espero que alguna vez las futuras generaciones puedan concitar un consenso colectivo, como se logró en la Transición. Porque nuestra democracia estuvo incompleta mientras hubo de coexistir con la violencia política. Y deberíamos apreciar cuánto se reforzó aquella derrotando a esta, poniéndole fin del modo en que lo hizo.

Y quiero dejar expreso reconocimiento de que hubo mucha gente anónima que trabajó para que todo saliera bien. En el Centro Henri Dunant estuvieron dedicando horas y esfuerzos decenas de personas desde 2004 hasta prácticamente 2015. Personas que quisieron y quieren permanecer en el anonimato, aunque su dedicación fuera decisiva. Gente que ha estado temporadas conviviendo con los responsables de ETA. En las circunstancias más insólitas, en Noruega, en Suiza, en los montes de Francia...

No sé si en algún momento podremos contar con una historia perfectamente documentada de aquellos años. Hubo altos cargos noruegos que arriesgaron mucho para conseguir llegar al final. A algunos solo les he podido dar las gracias años más tarde. Hay dos personas, una mujer y un hombre, que puede que fueran las que más contribuyeron a que ETA abandonara para siempre la violencia. Son personas que vocacionalmente se dedican a mediar en conflictos, a buscar la paz, con riesgo, siempre con tensión. Con ETA desplegaron no solo la mediación sino la persuasión para el abandono de la violencia. Cuando, años después de dejar el Gobierno, pude finalmente estar a solas con ellos, recuerdo que nos quedamos mirándonos hasta que nos dimos un gran abrazo. Fue un encuentro muy emotivo. De lo primero que nos dimos cuenta es de que los tres habíamos deseado mucho que este encuentro se acabara produciendo. Nos hemos vuelto a ver y hemos ido reconstruyendo momentos de gran intensidad y trascendencia vividos durante el proceso. Cuando me contaban algunos viajes que hicieron en coche con miembros de la banda y lo que hablaban con ellos, su relato todavía me producía inquietud.

Al menos, este homenaje he podido hacerlo personalmente. A otros me hubiera gustado agradecérselo y no ha sido posible. Por ejemplo, en nuestros esfuerzos por buscar aliados para la rendición definitiva, debo recordar que hubo tres delegaciones del IRA que se reunieron con la organización terrorista vasca. Esto se produjo con el aval y el estímulo de Tony Blair. La complicidad del primer ministro británico, de su jefe de gabinete y de los dirigentes del IRA y del Sinn Féin fue muy importante. El mundo político *abertzale* decidió que había que poner fin a aquella tragedia inacabable tras gestos como este, y eso tuvo una influencia indiscutible ante la cúpula militar de ETA. La generación de Otegi acompañó este proceso frente a los más jóvenes, que no lo tenían tan claro. Con Rubalcaba, cuando todo hubo acabado, reflexionamos en más de una ocasión sobre lo importante que fue que nuestra estrategia no la conociera prácticamente nadie.

Ahora, pasados los años, uno repasa mentalmente todo lo que decidimos y produce un cierto desasosiego, porque tuvimos que llevar a cabo una serie de tareas en un limbo jurídico absoluto. Afortunadamente, hubo una resolución del Tribunal Supremo que nos vino bien, en la que se venía a decir que el Gobierno disponía de la capacidad de negociar, pero que podía darse el caso de que algunas de estas personas con las que se dialogaba estuvieran buscadas por la Justicia, y esta tenía que cumplir con su obligación de perseguirlas.

Si tuviera que expresar en unas pocas palabras lo que queda para mí del proceso que condujo al fin de ETA recordaría una frase que pronuncié en la declaración pública que hice aquel 20 de octubre de 2011; la recuerdo literalmente: «la nuestra será una democracia sin terrorismo pero no una democracia sin memoria», porque, añadía, «la memoria de la víctimas nos habrá de acompañar siempre en el futuro». Esto me parece esencial porque dará la medida de la densidad moral de nuestro país.

El final de la violencia fue un éxito colectivo de la sociedad española, de todas las generaciones de la democracia, de la entereza mostrada por la ciudadanía. Esa entereza la encarnaron mejor que nadie los servidores públicos que velan por nuestra seguridad, que dan todo, incluso su vida, por ella.

La acción policial y la pérdida de la base social, que provocó el propio proceso de diálogo, facilitaron el objetivo que nos marcamos con él, un final definitivo y sin condiciones políticas.

Es muy poco frecuente en estos fenómenos de violencia política, tan duraderos, que terminen así, sin derivaciones, sin secuelas, sin coletazos, por completo y para siempre. Pero, precisamente porque fue un final dialogado fue limpio y para siempre, un final de verdad. Ese ha sido su valor. Un valor que se puede categorizar, el del diálogo, como instrumento útil, incluso indispensable, para cancelar conflictos violentos, largamente sedimentados en el tejido social, como fue el terrorismo de ETA.

¿Qué ha quedado tras el final? Que en la sociedad española, en la vasca en particular, se abrió un nuevo tiempo histórico, un nuevo tiempo sin violencia política, un tiempo de paz, para el pleno respeto a los derechos de todos. Una democracia sin terrorismo es más fuerte y más libre, si cabe, porque ha dejado atrás una de sus peores amenazas. Y esa fortaleza de la democracia le permite, esta es también mi convicción, ser generosa hacia el futuro, integrar a quienes la combatieron y dar cauce a la libre expresión del pluralismo.

EPÍLOGO

Un liderazgo sin testosterona

Al poco de ser el inquilino del Palacio de la Moncloa, Zapatero dijo en una entrevista que le hizo Joana Bonet para la revista Marie Claire *que quería dotar a la política de un lenguaje que no priorizara la agresividad. Y, ciertamente, nunca insultó a nadie en el ejercicio del poder, ni se defendió con frases malsonantes en los debates parlamentarios. Tiró de ironía cuando quiso replicar con contundencia, pero sus adversarios reconocen que ha habido pocos políticos tan respetuosos en este país, hasta el punto de que algunos no tuvieron ningún apuro en llamarlo «Bambi». En España, la gente educada resulta sospechosa, olvidando que fue José Ortega y Gasset quien advirtió que hay tres cosas que no se pueden hacer en política: «ni el payaso, ni el tenor, ni el jabalí».*

El talante no era un eslogan, sino una manera de entender no solo la política, sino también la vida. En una ocasión, el expresidente confesó que aspiraba a ser recordado no como uno de esos que dicen que llevan los pantalones bien puestos, sino como un personaje que llevaba la sensibilidad bien puesta. Bonet, en la introducción de su interviú periodística, lo definió como un político «ajeno al lenguaje testicular», con «un campo semántico cuajado de términos como valores, paz, amor, bien o belleza», y remató su perfil señalando que era «más arcangélico que guerrero».

Veinte años después, no ha cambiado en su manera de ser, ni en su modo de ver la vida. Alguien que lo conoce muy bien, el embajador Carles Casajuana, uno de sus fontaneros más cercanos en los años de presidente, que compartió un centenar de viajes con él por todo el mundo, me explicó que Zapatero era una rareza en un país al que le gustan los líderes fuertes, contundentes y berroqueños: «Nunca se sintió un ser superior, en el sentido providencial del término. Su empatía lo caracterizaba y, en ocasiones, sorprendía porque los políticos no acostumbran a utilizar la franqueza como divisa».

Hay dos cosas por las que Rodríguez Zapatero pasará a la historia de este país: su voluntad de ampliar los derechos de los españoles y, sobre todo, su tenacidad en acabar con el terrorismo de ETA. Alfredo Pérez Rubalcaba hizo un buen trabajo desde el ministerio de Interior, pero quien se puso al frente de esta cruzada contra la violencia terrorista, desde el mismo momento en que fue elegido en las urnas, fue Zapatero, con un compromiso y una determinación impresionantes. Por esa razón, como ya hemos dicho, cuando a las puertas del 23-J oyó cómo la derecha se empeñaba en resucitar a ETA, decidió involucrarse en la campaña del PSOE, y en la primera ocasión que se le presentó recordó ante los micrófonos de la COPE que bajo su Gobierno se terminó, se entregó y se rindió ETA: «Lo digo, lo afirmo y lo sé». Por ello mismo, fuertemente convencido de que España es un Estado plurinacional, apoyó el Estatut, al creer que era un elemento de equilibrio entre las aspiraciones catalanas y las resistencias del res-

to del país. El nuevo texto estatutario hubiera podido ser un elemento de estabilidad, pero el PP lo impidió con la campaña en su contra y el recurso final ante el Tribunal Constitucional, lo que a medio plazo fue el peor de los negocios para el catalanismo y para la derecha española.

El peor momento de su carrera fue cuando tuvo que tomar, por sentido de la responsabilidad, medidas impopulares, algunas opuestas a su programa y a sus ideas, en la recta final de su mandato, al abocarse el país a una situación mucho más adversa de lo que los expertos habían previsto. Adelantó elecciones como acto de obligación moral y decidió no presentarse por una cuestión de compromiso consigo mismo. Aquella gran recesión fue un tsunami que barrió a los primeros ministros del Reino Unido, Italia, Francia, Grecia o España.

En la actualidad, Zapatero resulta un político respetado, que ha llevado a cabo labores de mediación en Latinoamérica, donde goza de la consideración de la izquierda de aquel continente, y que ha echado una mano a Sánchez en el diálogo con Waterloo. Mantiene su talante intacto y su obsesión es la resolución pacífica de los conflictos. En la última convención del PSOE le pidieron que abriera las sesiones y él propuso hablar de la paz, para sorpresa de los organizadores. Pero el expresidente lo tiene muy claro: su gran preocupación es el futuro de la paz en el mundo. Sobre todo, cuando el pacifismo ha perdido prestigio frente a otros combates como el del cambio climático, la polarización política o las desigualdades sociales. Olvidando que los derechos humanos tienen su principal conculcación como con-

secuencia de las guerras y asumiendo que podemos vivir una segunda o tercera guerra fría frente a Rusia y China que podría marcar nuestras vidas.

M. C.

La paz es la tarea

Intelectual e ideológicamente mantengo una incompatibilidad genética con la violencia. Eso es algo que he ido madurando a lo largo de mi vida. La especie humana ha conseguido superar la esclavitud y establecer los derechos de los trabajadores, ha sido capaz de proteger la libertad de pensamiento y la libertad de expresión, ha sabido descubrir el talento y la inteligencia artificial... Sin embargo, no hemos logrado avanzar en la contención de la violencia, cuya expresión más trágica se expresa en las guerras. Ahora mismo, sufrimos dos guerras cruentas que mantienen en vilo al mundo, en Ucrania y en Gaza, pero hay otras 56 que apenas consiguen asomarse a los medios, aunque condicionen la vida de una parte importante de la humanidad.

Esta incapacidad de solucionar los conflictos con el diálogo, para acabar resolviéndolos con la violencia, es una cuestión que me ha perseguido intelectual y moralmente. Me obsesiona saber qué deberíamos hacer las generaciones presentes para que las futuras puedan alcanzar la abolición de la violencia en el planeta. Y no caminar en el sentido contrario.

Eso no tendría que ser una utopía, si más gente trabajara para lograrlo. No hay dolencia, enfermedad o pandemia que haya causado más dolor y más muertes que las guerras.

La inmensa mayoría de ellas han estallado sin sentido, explicación, ni justificación racional. Y al mismo tiempo, tengo la sensación de que hay una especie de resignación indolente en lo moral y en lo intelectual para evitar los conflictos violentos o para buscar soluciones por vías pacíficas. Por mi experiencia, he visto cómo se declaraban guerras, cómo se preparaban ataques militares, cómo se estudiaban invasiones... casi siempre con argumentos simples e inaceptables. En muchas ocasiones, he sentido la angustia de comprobar que apenas se valoraban las consecuencias en términos del sacrificio de vidas humanas que determinadas decisiones habrían de producir.

Lo más preocupante, por ejemplo, en la guerra de Ucrania es la aceptación muy mayoritaria, casi desde el primer momento, de que el conflicto era inevitable. La resignación nunca es el mejor aliado para resolver nada. Hablando con académicos y políticos estadounidenses, se percibe una escasa crítica a las intervenciones militares llevadas a cabo por su país en los últimos quince años. Sus tropas han estado combatiendo en Libia, Pakistán, Somalia, Yemen, Irak o Siria y el resultado final no es para estar demasiado orgullosos. Uno de los pocos intelectuales norteamericanos que cree que la lucha contra la pobreza, el desarrollo sostenible y la macroeconomía global podrían contribuir a evitar guerras es el economista y profesor de Harvard Jeffrey Sachs. Y en Europa, con dos guerras a sus puertas, me preocupa que no haya una movilización en favor de la paz, como la hubo en el pasado. En general, la sensibilidad en favor del pueblo palestino ha ido a la baja, lo que ha sabido aprovechar Israel para ganar posiciones. En el caso de Ucrania, aunque hay un claro culpable, Rusia, que con la invasión quebró la legalidad internacional, ello no nos exime del deber ético y político de buscar cuanto antes el fin de la guerra trabajando en un escenario de soluciones. En lugar de eso, Occidente ha aceptado que la guerra va a ser larga, como una partida de ajedrez sin límite de tiempo.

Si vamos al principio, lo que más ha cambiado el orden político internacional en lo que llevamos de siglo ha sido el brutal, tan brutal como inesperado, atentado terrorista de las Torres Gemelas. Y el terrorismo no cambia gobiernos, pero puede cambiar la política.

Antes de que se produjera el atentado, en Manhattan se acababan de aprobar en Naciones Unidas los llamados Objetivos del Milenio, que eran ocho propósitos fijados para el desarrollo humano en el año 2000. Entonces —yo era líder de la oposición en España— parecía claro que el principal objetivo compartido en el escenario internacional era ver cómo se encajaba a Rusia en el nuevo orden del mundo. Se sabía que no sería una cuestión fácil, porque Rusia era un gigante herido que había perdido una tercera parte de su territorio y la mitad de su población tras la caída del Muro de Berlín. En cualquier caso, era la principal tarea pendiente.

Pero el atentado de las Torres Gemelas lo cambió todo, porque el objetivo estratégico de Estados Unidos como primera potencia del mundo pasó a ser la guerra sin cuartel contra el terrorismo. El objetivo era acabar con esta lacra y eso recrudeció el espíritu bélico en el planeta. Las bajas causadas por este nuevo combate global en Afganistán, Irak, Libia, Siria y Yemen sumaron más de un millón de muertos. Y tuvo un coste para los norteamericanos de seis billones de dólares. El mismo dinero, por cierto, que China invertía mientras tanto en innovación tecnológica. Y por si fuera poco, eso provocó que una buena parte de Asia y de África dejara de creer en los valores occidentales a la hora de aplicarse en las relaciones internacionales. La guerra contra el terrorismo, que comportó la invasión de Irak, provocó el nacimiento del ISIS. Y, al mismo tiempo, marginó a Rusia de la política internacional y consiguió que sus dirigentes pensaran que no se los tenía en cuenta, no porque fueran comunistas, sino porque eran rusos.

Con los turcos, por cierto, pasó algo parecido. Como ya he explicado, yo viví el proceso de acercamiento entre Turquía y la UE y, personalmente, apoyé que Turquía pudiera llegar a formar parte de la Unión ante el recelo franco-alemán. Es otro de los países geoestratégicamente clave para la guerra o la paz, para un mundo equilibrado o quebrado, para un planeta multilateral o de bloques. A principios de siglo, Turquía abrigaba la promesa democrática de su integración en Europa. Incluso el ala islamista que representaba Erdogan era favorable a ello. Pero, al final, Francia y Alemania frenaron estas aspiraciones y los turcos interpretaron que se les había negado la entrada porque eran musulmanes. Eso ha venido a complicar el mapa de los conflictos.

Sí, Nicolas Sarkozy y también Angela Merkel temieron que la entrada de ochenta millones de musulmanes pudiera afectar al equilibrio de la UE, y sobre todo temieron que se produjera eso que la extrema derecha llama el «gran reemplazo». Esto es, el mismo miedo que tiene la derecha en Estados Unidos, después de que 2021 haya sido el primer año en que han nacido en ese país más niños no blancos. Pero quienes albergan ese temor, y hacen política movidos por él, olvidan que el mayor riesgo para las democracias occidentales no es el que sobre su propia identidad proyecta la inmigración, sino el que suscita la pérdida creciente de posición de las mismas en relación con el resto del planeta. Y, obviamente, los dos están interrelacionados.

Insisto, la lucha contra el terrorismo tras el 11-S se hizo con armas y se olvidó de la política. Y solo la política puede descifrar la salida final a los conflictos. Ahora mismo, el discurso en Occidente es que hay que invertir más en Defensa. Pero resulta que la OTAN comprende el 52 % del gasto militar del mundo y solo el 12% de su población. Y podemos llegar en poco tiempo al 60 % de ese gasto, como piden algunos, lo que en ningún caso garantizará que estemos más seguros. Un ejemplo: el poderío militar de Estados Unidos es descomunal y al final los talibanes han vuelto a mandar en Afganistán.

El uso de la fuerza continúa siendo una prioridad en las estrategias porque se tiene poca fe en la política. En Europa, la acción de Putin invadiendo Ucrania ha provocado un efecto parecido al que produjo el atentado islamista de las Torres Gemelas en Estados Unidos, de tal modo que la conclusión ha sido que necesitamos más OTAN y más presupuesto en Defensa. Pero ello no garantiza más seguridad ante un país de 145 millones de habitantes como Rusia, que tiene poder nuclear y un ejército que ha demostrado que puede librar batallas durante años sin inmutarse. Rusia no va a ceder y va a seguir avanzando. Y lo dramático es que lo haga como en Ucrania, causando la pérdida de muchos miles de vidas humanas, de civiles y de soldados, tanto ucranianos como rusos.

Lo que está ocurriendo me recuerda una escena de la película *1917*, cuando en uno de los momentos más crudos de la Primera Guerra Mundial, dos jóvenes soldados británicos, Schofield y Blake, reciben una misión aparentemente imposible, como es atravesar en una carrera contrarreloj el territorio enemigo para entregar un mensaje que evitará el ataque planteado contra las fuerzas alemanas, ya que estas han fingido retirarse hasta la Línea Hindenburg, pero en realidad se preparan para emboscar al batallón británico, uno de cuyos integrantes es el hermano del propio Blake. El film describe el frente occidental, que fue el más brutal, en la frontera entre Francia y Alemania. Duró tres años y en ese tiempo los avances fueron casi inapreciables. Fue una guerra de trincheras donde se ganaban o se perdían unos pocos metros. Pero hubo tres millones de muertos discutiendo un espacio de territorio. Y algo así puede pasar en Ucrania: van a estar guerreando ante nuestros ojos hasta que llegue un momento en que las vidas humanas perdidas sean más numerosas que los metros cuadrados en que se cifren unos u otros avances. Y ese escenario me parece una situación tan absurda como terrible.

En contra de lo que dice un sector de la izquierda, las guerras no las determina el poderoso complejo militar estadounidense, aunque pueda influir en la adopción de decisiones en función de sus propios intereses. Me preocupa más el peso de la corriente intelectual dominante. Cuando alguien como el filósofo y sociólogo alemán Jürgen Habermas, uno de los padres de la segunda generación de la Escuela de Fráncfort, se atreve a defender la posibilidad de abrir un diálogo o de un buscar un proceso de paz en Ucrania, en Alemania, donde es un intelectual muy respetado, se le han echado encima y se lo ha criticado sin piedad.

En la batalla de las ideas está ganando la conformidad o la resignación con la confrontación bélica, sin que nadie sepa a qué nos conduce en realidad. Estoy convencido de que ni el Pentágono en Washington, ni el cuartel general de la OTAN en Bruselas, tienen una previsión, siquiera aproximada, de qué va a pasar en los próximos seis meses de guerra. Pongo un ejemplo, para que se me entienda: cuando en Madrid se llevó a cabo la última cumbre de la OTAN, muy bien organizada por el Gobierno español por cierto, en sus resoluciones finales no aparece en ningún momento la palabra «Afganistán», cuando esta ha sido la principal misión atlantista de los últimos tiempos. Allí han vuelto los talibanes, Occidente ha decidido mirar hacia otro lado y nadie ha realizado algo parecido a una valoración autocrítica de lo ocurrido.

A mí me ha correspondido vivir de cerca el desempeño de Estados Unidos en dos escenarios geopolíticos: uno bélico, en Oriente Medio, y otro no bélico, pero de mucha tensión, en Latinoamérica. Y solo lo puedo juzgar como un fracaso. Las acciones militares no alcanzan los objetivos que supuestamente persiguen, y la influencia política no hace sino retroceder. Esto último fue particularmente evidente, durante el mandato de Trump, en relación con el continente latinoamericano.

En los últimos años, he dedicado mucho tiempo a estudiar las condiciones en que se puede producir una solución pacífica de los conflictos, sirviéndome de mi propia experiencia en algunos casos. Siempre he pensado que la razón de ser más valiosa de la política es esa. Que un dirigente solo está a la altura de la confianza que los ciudadanos han depositado en él o en ella si es capaz de enfrentarse de cara a los conflictos, con un conocimiento a fondo de los factores que intervienen en ellos, y con el propósito indeclinable, hasta la terquedad, de poner fin a la división y al daño que producen. No es fácil, no, no lo es; cabe la tentación de eludir esa responsabilidad o de limitarse a gestionarlos. Pero solo asumiendo riesgos se puede lograr. Y aunque no se logre, no se fracasa. Se habrá abierto un camino para la próxima vez, que quizá sea inmediata.

Por eso, me rebelo ante el hecho de que hayamos entrado en un tiempo en el que la violencia y el uso de la fuerza no solo se imponen, sino que parecen normalizarse entre nosotros. Se normalizan las agresiones, se normalizan las muertes, al tiempo que la solución pacífica de los conflictos se debilita como concepto. Necesitamos un rearme intelectual, pero también político, en favor de la paz. No por una visión beatífica de la vida, sino porque la primera condición para fortalecer la democracia es la paz. La paz es hoy la gran tarea, y la solución dialogada de los conflictos constituye un bien primario, imprescindible y universal. Tenemos que hacer entender a la generación siguiente que el acuerdo es siempre mejor que el conflicto y que la paz siempre es mejor que la guerra.

Dijo Camus que nuestra tarea como seres humanos es encontrar las pocas fórmulas que calmarán la angustia infinita de las almas libres. Ni que decir tiene que es una tarea sobrehumana, pero llamamos sobrehumanas a las tareas que los hombres tardan mucho en hacer, eso es todo.

Este libro se terminó de imprimir
en los talleres de Liberdúplex,
en Sant Llorenç d'Hortons (Barcelona),
en abril de 2024